In der Sonne eingeschlafen und nichts gegessen: Strache feiert unabsichtlich Ramadan
Die besten Tagespresse-Meldungen 4. Band

DiE**TAGESPRESSE**

In der Sonne eingeschlafen
und nichts gegessen:
STRACHE FEIERT UNABSICHTLICH RAMADAN

Die besten Tagespresse-Meldungen

4.
Band

Residenz Verlag

Hinweis

DiE**TAGESPRESSE** ist ein österreichisches Satiremagazin. Ausnahmslos alle Artikel sind frei erfunden. Im Regelfall werden nur Personen, die in der Öffentlichkeit stehen, beim Namen genannt. Alle anderen Namen sind frei erfunden. Eventuelle Namensgleichheiten mit Privatpersonen sind rein zufällig.

Bibliografische Information der Deutschen Nationalbibliothek
Die Deutsche Nationalbibliothek verzeichnet diese Publikation in der Deutschen Nationalbibliografie; detaillierte bibliografische Daten sind im Internet über http://dnb.dnb.de abrufbar.

www.residenzverlag.at

© 2017 Residenz Verlag GmbH
Salzburg – Wien

Alle Rechte, insbesondere das des auszugsweisen Abdrucks und das der fotomechanischen Wiedergabe, vorbehalten.

Umschlaggestaltung und grafische Gestaltung/Satz: BoutiqueBrutal.com
Umschlagbilder: REUTERS/Heinz-Peter Bader/Montage, TVTHEK, Tagespresse
Schrift: Utopia
Lektorat: Stephan Gruber, feintext.eu
Gesamtherstellung: Grasl FairPrint, 2540 Bad Vöslau, www.grasl.eu

ISBN 978 3 7017 3430 6

Geschätzte Leserin, geschätzter Leser!

Der Journalismus kommt nicht aus der Krise, der digitale Blätterwald wird immer undurchsichtiger, Fake News verstopfen die Glasfaserkabeln. In Zeiten wie diesen ist es wichtiger denn je, dass es unabhängige Medien mit Rückgrat gibt, die Missstände aufdecken und Durchblick verschaffen.

Anders als beispielsweise ORF, *Profil* oder *Die Presse* hat die Redaktion der **TAGESPRESSE** im letzten Jahr gezeigt, was im Journalismus noch alles möglich ist, wenn man wirklich will. Nur wenige Medien im deutschsprachigen Raum genießen ein so großes Vertrauen wie DiE**TAGESPRESSE**. Das macht uns stolz und demütig.

Wir wollen mit Ihnen gemeinsam auf ein bewegendes Jahr zurückblicken: 2017 hat der Papst nach einem Besuch von US-Präsident Donald Trump aufgehört, an Gott zu glauben; in Wien wurde die erste Waldorf-Fahrschule eröffnet; und nach dem sensationellen Erfolg der österreichischen Frauen-Nationalmannschaft bei der Fußball-EM wurden die „Söhne" aus der Bundeshymne gestrichen.

Für Ihre Treue möchten wir uns auch dieses Jahr wieder bei Ihnen bedanken, geschätzte Leserin, geschätzter Leser. Wir verstehen Ihre Klicks, Likes und Shares als Auftrag, weiterhin eine verlässliche Stimme der Vernunft zu sein. Bei uns wird GLAUBWÜRDIGKEIT großgeschrieben. Wir sehen uns nicht nur als Journalisten, sondern als Chirurgen am offenen Herzen der Demokratie.

Die Redaktion

06.01.2017

Einigung bei Jugendschutz: Rauchen nur mehr nach dem dritten Bier erlaubt

In der Debatte um ein strengeres Rauchergesetz für Jugendliche ist nun ein überraschender Kompromiss gefunden worden: Für unter 18-Jährige wird das Rauchen künftig erst nach dem Konsum von mindestens drei Bier erlaubt sein.

„Aus Studien wissen wir, dass Jugendliche nicht so gerne Bier trinken, sondern lieber süßliche Kindergetränke wie Malibu Orange oder Wodka Bull. Durch diese Maßnahme werden wir das Einstiegsalter für Nikotinkonsum signifikant nach oben schrauben, vielleicht sogar auf über zwölf Jahre", so Familienministerin Sophie Karmasin.

Opposition zufrieden
Überraschend positiv sieht man die Einigung auch bei der Opposition: „Ich freue mich, wenn bald mehr junge Menschen drei Bier bestellen, wie ich das ja schon vor Jahren vorgemacht habe", postet HC Strache auf seiner Facebook-Seite.

Bei den NEOS jubelt man über Impulse für heimische Craft-Beer-Start-ups. Und auf Initiative der Grünen sollen Eltern bald den „Van-der-Bellen-Hunderter" – eine monatliche Tabakförderung von 100 Euro für jedes rauchende minderjährige Kind – beantragen können.

Föderalismusreform
Das Erringen einer bundesländerübergreifenden Regelung wird von der Regierung als erster Schritt einer lange angekündigten Föderalismusreform gefeiert. Einige Länder-Spezifika bleiben allerdings erhalten: Im Burgenland wird die Regelung von drei Bier auf drei Viertel Uhudler ausgeweitet.

Jugendliche unter 18 Jahren dürfen in Vorarlberg künftig nach 22 Uhr ihrem Laster nur mehr in Begleitung eines erwachsenen Rauchers nachgehen. In der Steiermark soll die Zigarettenmarke „Gauloises" verboten werden, weil der Versuch, sie auszusprechen, bei der Bevölkerung schwere Kieferschäden verursacht.

 40 954 Leser   9209 Shares

> **Jochen R.**
> Ein vernünftiger Ansatz. Wer in dem Alter drei Bier schafft, hat sich 'ne Fluppe verdient. Ganz klarer Fall.

> **Gudrun R.**
> Das wär' doch mal eine österreichische Lösung!

12.01.2017

Foto: TAGESPRESSE

Anhänger entsetzt: Neues Schock-Video zeigt Trump beim respektvollen Umgang mit einer Frau

Schon seit Tagen wird über ein geheimes Video gemunkelt, mit dem Russland den künftigen US-Präsidenten erpressen könnte. Jetzt veröffentlichen mehrere amerikanische Medien ein Video, das Donald Trump beim respektvollen Umgang mit einer Frau zeigt. Offenbar handelt es sich um eine Falle des russischen Geheimdienstes FSB.

In dem kurzen Clip aus dem Jahr 2005 sieht man Trump, wie er mit einer Frau ganz normal spricht und ihr dabei sogar in die Augen schaut. Während der gesamten Dauer des Videos ist keine einzige abfällige Bemerkung oder sexuelle Belästigung zu sehen. Trump beendet das Gespräch, indem er ihr die Hand schüttelt und weggeht. Derzeit ist völlig unklar, ob das Videomaterial echt oder manipuliert ist.

Anhänger demonstrieren

Tausende Anhänger versammelten sich vor dem Trump Tower in Manhattan. Sie skandieren: „Lock him up!" Manche wollen sogar seine Geburtsurkunde sehen, um nachzuprüfen, ob er tatsächlich als echter Mann geboren wurde.

„Wütend wie nie zuvor"

Kurz nach Veröffentlichung des Videos verteidigt sich Trump mit mehreren Tweets:

Donald J. Trump @realDonaldTrump · 21 Std.
I HAVE NOTHING TO DO WITH FEMINISM – NO DEALS, NO LOANS, NO NOTHING!

↩ 59 Tsd.   ⟲ 29 Tsd.   ♥ 93 Tsd.

Donald J. Trump @realDonaldTrump · 6 Std.
Intelligence agencies should never have allowed this fake news to "leak" into the public. Treating women like this is sad and disgusting. Are we living in 21st century Sweden?

↩ 18 Tsd.   ⟲ 15 Tsd.   ♥ 51 Tsd.

Enge Berater haben ihn noch nie so wütend gesehen.

Führende Republikaner fordern bereits offen den Amtsverzicht von Trump. Doch dieser ist bekannt dafür, bereits ähnliche Krisen erfolgreich gemeistert zu haben. So geriet er erst kürzlich in die Kritik, weil er einen Behinderten gesehen und nicht verspottet hatte.

 43 032 Leser   3513 Shares

> **Manfred K.**
> Das Video ist manipuliert – jeder, der es kennt, weiß, dass er ihr mit der linken Hand unter den Rock fasst, während er ihr die Hand schüttelt! Diese Praktik wird im Kamasutra als „White Billionaire Greetings" bezeichnet!

Uni-Wien-Memes

16.01.2017

Weil Stiftung geprüft wird: Pröll zeigt Rechnungshof wegen Gotteslästerung an

Wegen der angekündigten Prüfung seiner Privatstiftung hat Erwin Pröll bei der Staatsanwaltschaft eine Anzeige gegen den Rechnungshof wegen Gotteslästerung eingebracht. Er sieht in der Prüfung eine Infragestellung seiner allumfassenden, unendlichen Macht.

„Die gottlosen Häretiker im Rechnungshof werden die strafende Hand seiner Heiligkeit noch zu spüren bekommen, so wahr es Erwin will", lässt ein Sprecher der ÖVP Niederösterreich ausrichten. „Man darf nicht hinterfragen, wieso Pröll seine Privatstiftung heimlich mit Steuergeld anfüttert. Die Wege des Herrn sind unergründlich."

Gottesstaat
Schon seit Jahrzehnten hat Erwin Pröll Niederösterreich fest im Griff. Er hat mittlerweile einen autoritären Gottesstaat errichtet. Die Einwohner beten keine Kreuze an, sondern Kreisverkehre. Freie Medien gibt es in dem abgeschotteten Bundesland keine. Stattdessen wird über die Regime-Medien ORF NÖ und

NÖN Propaganda verbreitet, mit der Pröll den Personenkult aufrechterhalten will.

Harte Strafen
Wenn sich diese nicht aus Niederösterreich zurückziehen, plant Pröll die Prüfer des Rechnungshofs „hart, aber durchaus fair" zu bestrafen. Sie sollen am Marktplatz von St. Pölten an den Pranger gestellt und danach an ein Raiffeisen-Giebelkreuz genagelt werden.

 63 312 Leser  11 586 Shares

> **Patrick K.**
> Das ist jetzt übertrieben. Würde er wirklich kein Erbarmen kennen, käme eine große Flut, die den Klenk und den Rechnungshof ertränkt. Von da her ist er also eh sehr gnädig.

> **Markus L.**
> Nach Bruce und Evan kommt nun der Neue – demnächst überall im Kino: „Pröll allmächtig".

17.01.2017

Foto: TAGESPRESSE

Arabischer Frühling erreicht Niederösterreich: Einwohner werfen Pröll-Statuen um

Der Arabische Frühling erreicht Niederösterreich und bringt den nächsten autoritären Herrscher zu Fall: Erwin Pröll. Hunderttausende Einwohner feiern ihre Befreiung, indem sie Statuen ihres ehemaligen Führers umwerfen.

Die Niederösterreicher sind übermannt von ihrer plötzlichen Freiheit. Sie tanzen auf den Straßen, setzen Lagerhaus-Türme in Brand und demontieren Raiffeisen-Giebelkreuze im ganzen Land. Es sind Bilder, die um die Welt gehen.

Brennende Kreisverkehre
Nach Jahrzehnten der Unterdrückung trauen sich viele Niederösterreicher erstmals, ihre Meinung offen zu zeigen. Zwischen Amstetten und Hollabrunn wurden bereits zwölf Kreisverkehre in Brand gesetzt. Wütende Demonstranten stürmten die Redaktion des Propagandasenders ORF NÖ.

„Private Gründe"

Erwin Pröll gab für seinen Rücktritt private Gründe an und erklärte: „25 Jahre als Landeshauptmann sind genug. Ich hätte gerne wieder mehr Zeit für meine Privatstiftungen."

Nahostösterreich-Experte Karim El-Gawhary hingegen sieht andere Gründe für Prölls Rückzug: „Ich glaube, er hat eingesehen, dass er die Macht nicht mehr länger halten kann, denn letzte Woche musste er nach 40 Jahren den Ring an den Gollum zurückgeben."

 113 272 Leser   15 685 Shares

> **Richard A.**
> Plot twist: Pröll wird neuer Rechnungshofpräsident.

> **Tobias H.**
> Fast 100 Jahre hat es gebraucht, dass sich Niederösterreich auch von der Monarchie verabschiedet. Glückwunsch!

Donald Trump im Exklusivinterview

Als erste österreichische Medien haben DiE**TAGESPRESSE** und *Krone.at* ein gemeinsames Interview mit dem zukünftigen US-Präsidenten Donald Trump bekommen. Trump fordert darin den Bau einer Mauer rund um Österreich.

DiE**TAGESPRESSE**: Herr Trump –
Donald Trump: (*unterbricht*) Wie geht es Werner Kern?

Christian Kern.
Ruhe!

Stille.

Herr Trump, warum haben Sie bisher allen österreichischen Medien ein Interview verweigert?
Alles Fake News hier! Traurig! DiE**TAGESPRESSE** und *Krone.at* werden oft von HC Strache geteilt. Toll! Guter Mann! Auch ein Freund von Wladimir Putin. Toll!

Wie ist Ihre persönliche Beziehung zu Österreich?
Gut! Sehr gut! Toll! Viele Österreicher haben mich inspiriert, sie haben gute Ideen. Toll! Zum Beispiel dieser Josef …

… Pühringer, der Landeshauptmann Oberösterreichs?
Ruhe! Nein! Josef Fritzl.

Josef Fritzl? Sie verwechseln da vielleicht gerade etwas. Fritzl hat seine eigene Tochter im Keller eingesperrt und unfassbare Verbrech…
Sie müssen alles schlechtreden. Traurig! Fake News! Traurig!

Verteidigen Sie gerade Josef Fritzl?
Nur weil er nicht ganz politisch korrekt ist und eine Beziehung mit seiner Tochter hatte, bekämpfen ihn die Medien. Traurig! Ihr Liberalen seid Schlappschwänze! Traurig! Schade!

Gibt es außer Josef Fritzl noch andere Österreicher, die Sie inspirieren?
Ich mag diesen Norbert Hitle…

Hofer!
Ruhe! Norbert Hofer, genau. Sage ich doch! Ruhe! Hofer hat gute Ideen. Sehr gut! Er lächelt viel. Nett! Aber warum geht er am Stock? Traurig!

Er hatte einen Sportunfall und ist jetzt gehbehindert.
Trauri... Hahahaha!

Herr Trump, das ist pietätlos.
Hahahahahahaha!

Herr Trump ...
Hahahahahahahaha!

Ist das Ihr Ernst?

Trump steht auf und geht mit einem imaginären Stock durch den Raum wie Norbert Hofer.

Wieso verspotten Sie Menschen mit Behinderung?
Ruhe! Sie haben eine Brille, sie sind ja selbst behindert! Traurig! Sie können darüber keine objektiven Fragen stellen. Sie können die Wahrheit nicht erkennen, weil sie sehbehindert sind.
Und woher haben Sie das?

Trump zeigt auf das iPhone-Cover des Krone-Journalisten mit einem Bild von Norbert Hofer auf seinem Rasentraktor.

Krone.at: Vom Wiener Mexikoplatz.
Donald Trump: Mexikoplatz? Nicht gut! Schlecht! Ich werde eine Mauer um Österreich und seinen Mexikoplatz bauen! Schade! Haben Sie eigentlich auch eine Frage an mich? Oder sind Sie sprechbehindert?

Krone.at: Ja, eine. Sind Flüchtlinge schlecht oder sehr schlecht?
Sehr schlecht!

Krone.at: Danke.

Krone.at-Journalist steht auf und geht.

Donald Trump: Ich muss jetzt auch los. Schade! Sehr schade! Eine Sache noch. Eine! Haben Sie die Nummer von Josef Fritzl?

TAGESPRESSE-*Journalist antwortet nicht und geht.*

Donald Trump: Traurig!

Trump steht auf und verlässt den Raum, wie Norbert Hofer gehend.

 77 330 Leser 3381 Shares

> **Manfred G.**
> Wenn Trump so weitermacht, werfen wir ihn in eine Gletscherspalte und holen ihn erst nach 100 Jahren wieder heraus.

> **Thomas K.**
> Wem soll ich jetzt glauben? Ich seh' grad eine Schlagzeile der Kronen Zeitung (jaja, ich gestehe, manchmal sehe ich die mir an, aber nur kurz), dass der älteste Gorilla der Welt in einem Zoo in Ohio gestorben ist. Was? So kurz vor Amtsantritt?

Strache nimmt Johann Überbacher als Dolmetscher zur Trump-Angelobung mit

Mit seinem viel beachteten Interview mit *Russia Today* hat sich der Tiroler FPÖ-Pressesprecher Johann Überbacher offenbar für höhere Aufgaben qualifiziert: Er darf Parteichef Heinz-Christian Strache und Nobert Hofer als Dolmetscher zur Trump-Angelobung nach Washington begleiten.

Nach intensiver parteiinterner Suche hat sich die FPÖ schließlich auf Überbacher geeinigt. Durch die enge Verbindung zu Russland sprechen viele FPÖ-Politiker fließend Russisch, aber keiner mehr Englisch – bis auf Überbacher. Ursprünglich wollte die Partei auf Johann Gudenus zurückgreifen, damit dieser die Übersetzungen des russischen Dolmetschers auf Deutsch übersetzen kann.

„Mewi Kristmef"
Bereits direkt nach der Ankunft in Washington kommt es zum Eklat: Überbacher wünscht mehreren Menschen „Mewi Kristmef" *(„Merry Christmas", Spekulation der Red.)*. Durch seine österreichische Sprachfärbung verstehen die Zollbeamten jedoch

„Many Crystal Meth" – er wird festgenommen. Der künftige US-Präsident Donald Trump reagiert per Twitter auf Überbachers Aktion:

 **Donald J. Trump**
@realDonaldTrump

Austrian refugee caught with Crytal Meth. Sad! They are bringing drugs, they are bringing crime, and some - I assume - are good people.

RETWEETS 4.297   GEFÄLLT 17.358

Festnahme und Flucht

Kurz nach seiner Festnahme gelingt Überbacher die spektakuläre Flucht: In einem unbemerkten Moment schlüpft er aus seinem zu großen Poloshirt und kann untertauchen. Die Fahndungen laufen auf Hochtouren.

 67 981 Leser   12 724 Shares

> **Christian H**
> Wieder einer von denen, die ihren Posten nur wegen ihres guten Aussehens bekommen haben, weil richtig gut Englisch spricht er nicht ... glaube ich?

> **Lutz B.**
> Irgendwann wird er Österreich mit einer Strache-Regierung sicher würdig als Botschafter in Washington vertreten. Wenn er dann noch Fliege zu seinem Pullover trägt, wird sicher jeder Österreicher stolz auf ihn sein. Auch jene, die heute noch mosern.

20.01.2017

Rassismus-Skandal in den USA: Immobilienhai setzt schwarze Familie auf die Straße

Könnte dieser Vorfall die aufgeheizte Stimmung in den USA zum Kippen bringen? Wie ein Lauffeuer verbreitete sich heute in internationalen Medien die Nachricht, dass eine vierköpfige afroamerikanische Familie von Immobilienmagnat und US-Präsident Donald Trump mitten im Winter aus ihrem Haus in Washington, D.C. geschmissen wurde.

Zwangsdelogierung
Trump hat den Vorfall mittlerweile selbst auf CNN bestätigt: „Schon beim ersten Rundgang in meiner neuen Immobilie habe ich gesehen, dass sich anscheinend eine afroamerikanische Familie hier eingenistet hatte. Der Vater hat sich als Barack Hussein Obama vorgestellt und behauptet, er würde hier arbeiten. Glauben Sie, ein schwarzer Mann, der Hussein heißt, kann einfach so im Weißen Haus arbeiten? Das trägt seinen Namen doch nicht umsonst!", zeigte sich der frischgebackene Präsident erbost.

Auf Anordnung von Trump wurde die Familie vom Secret Service auf Massenvernichtungswaffen, Silberbesteck und Öl durchsucht und dann umgehend mit Sack und Pack vor die Tür gesetzt.

Hoffnung

Doch wie geht es nun mit der obdachlosen Familie weiter? Während das Los der Eltern noch ungewiss ist, zeichnet sich zumindest für die beiden Kinder eine Lösung ab.

Wie das US-Society-Portal TMZ.com berichtet, will Hollywood-Star Angelina Jolie die Töchter Malia (18) und Natasha (15) adoptieren. „Etwas Exotischeres als zwei schwarze Teenager würde sich in meiner Sammlung zwar besser machen, aber morgen schaue ich mir ohnehin noch ein Albino-Pygmäen-Baby an", wird die Schauspielerin von TMZ zitiert.

 48 087 Leser  9273 Shares

> **Christian H.**
> Das waren doch nur Hausbesetzer!

25.01.2017

Norbert Hofer sensationell für Oscar nominiert

Was für eine Sensation! Der österreichische Schauspieler Norbert Hofer wurde gestern für einen Oscar nominiert. Allerdings nicht für seine perfekte Darstellung eines Politikers, sondern in der Kategorie „Beste Maske".

Verdienter Erfolg
„Ich habe heuer viel gearbeitet, um ständig am Bildschirm präsent zu sein", freut sich Hofer, der 2016 in den beiden epischen Dramen „Die Präsidentenwahl" sowie „Und täglich grüßt die Präsidentenwahl" zu sehen war. Vor allem Hofers perfekte Maske, hinter der er sein wahres Ich gekonnt verstecken kann, sorgte auch in Hollywood für Staunen.

„Hofer kann mit nur einem Hauch von Make-up mehr als 5000 verschiedene Grins-Töne erzeugen", begründet die Jury ihr Urteil. „Und das alles ohne Spezialeffekte oder chemische Stoffe, sondern ausschließlich mit Kreide."

Perfekte Maske

Sollte Hofer den Oscar gewinnen, reiht er sich in der Kategorie „Beste Maske" in eine Riege prominenter Vorgänger ein. Hofer selbst ist aufgeregt und nervös vor der großen Entscheidung: „Bisher ging der Preis an Produktionen wie ‚Die Fliege', ‚American Werewolf' oder ‚Der Grinch'. Das sind alles nicht nur beruflich, sondern auch privat große Vorbilder von mir." Besonderen Dank richtet Hofer auch an den österreichischen Verfassungsgerichtshof, „ohne den das alles nie möglich gewesen wäre".

Weitere Österreicher auf Shortlist

Die FPÖ war in diesem Jahr überhaupt prominent auf der Oscar-Shortlist vertreten: Leider nicht in den Bewerb geschafft hat es Herbert Kickl in der Kategorie „Bestes adaptiertes Drehbuch" für seinen FPÖ-Wahlkampf, den er nach einer Kurzgeschichte von Edgar Allan Poe verfasst hat.

Schon bald könnte sich auch FPÖ-Mann HC Strache seinen großen Traum vom Oscar erfüllen – denn Norbert Hofer will ihm dabei helfen, wie der Oscar-Nominierte grinsend gesteht: „Ich hab' den Strache ja sooo gern. Ich bin mir sicher, dass er bald groß rauskommt. Hoffentlich in der Kategorie ‚Bester Nebendarsteller' in der FPÖ."

 34 681 Leser  3695 Shares

> **Patrick G.**
> Nicht zu vergessen seine Nominierung für die beste Action-Szene in „Terror am Tempelberg".

> **Lutz B.**
> Wo ist die Nominierung der John Otti Band für „Beste Filmmusik"?

25.01.2017

Ist er ein Genie? Dieser Mexikaner findet Geheimwaffe gegen Trumps Mauer

Wenn er an Donald Trumps Mauer denkt, kann Rodrigo Pérez (23) nur müde lächeln. Der erfinderische Mexikaner hat eine Geheimwaffe entdeckt, mit der die Mauer einfach zu überwinden ist: eine Stahlkonstruktion aus zwei langen Stangen, die mit mehreren Sprossen verbunden sind. Damit kann Pérez auch meterhohe Hindernisse ohne Mühe überwinden.

Stolz präsentiert Pérez seine „Escalera" (zu Deutsch: „Leiter") vor staunenden Journalisten. Mit einem Mal wird klar: Trumps Mauer zur Begrenzung der Zuwanderung könnte wirkungslos werden, sollte sich Pérez' kreative Erfindung durchsetzen.

Trump empört

Das Weiße Haus reagiert auf die Erfindung empört. „Das sind Fake News, traurig", meint Trump. „Meine Mauer ist gut. Genial! Die Chinesen haben meine Idee bereits kopiert und vor über 2000 Jahren eine Mauer gebaut. Und wie viele Mexikaner leben heute in China? Eben."

Alternative Fakten

Doch Pérez will sich von diesen alternativen Fakten nicht abbringen lassen. Als ihn ein CNN-Journalist fragt, wann er in die USA flüchten will, schüttelt Pérez nur den Kopf: „Ich? Niemals! Ich habe die Leiter erfunden, um den ganzen Flüchtlingen aus den USA bei der Flucht nach Mexiko zu helfen."

 51 508 Leser   3991 Shares

> **Felix K.**
> Mexikaner erfindet Geheimwaffe gegen Mauern mit diesem einfachen Trick! Trumps hassen diesen Mexikaner! Klick auf den Link, um mehr zu erfahren, ganz ohne Kreditkartennummer!

> Ay … Ay … Jay … Jay … Dios mío!!! Bei diesem Exemplar handelt es sich eindeutig um einen Mexikaner mit chinesischem Migrationshintergrund. Dies erkennt man vor allem an seinem schier unglaublichen Erfindergeist!

26.01.2017

Sofort nach Angelobung: Van der Bellen verbietet Autos, schafft Heer ab, eröffnet Haschtrafik

Monatelang hat die FPÖ im Wahlkampf davor gewarnt, jetzt scheinen sich die schlimmsten Befürchtungen zu bewahrheiten: Das neue Staatsoberhaupt Alexander Van der Bellen hat bereits in den ersten Stunden seiner Amtszeit eine grüne Diktatur errichtet.

Erste Maßnahmen

Per präsidialem Sonderdekret ließ er benzinbetriebene Autos verbieten, schaffte das Bundesheer zur Gänze ab und eröffnete feierlich die erste Haschtrafik Österreichs.

Derzeit befindet er sich auf dem Weg zum Grenzübergang Spielfeld, wo er einige Dutzend als Flüchtlinge getarnte IS-Kämpfer aus Syrien feierlich begrüßen will. „Ihr werdet euch noch wundern, was alles gehen wird", lacht Van der Bellen bei der Angelobung in die ORF-Kameras.

Bundesheer abgeschafft

Außerdem plant Präsident Van der Bellen noch in diesem Monat den Bau einer Mauer rund um den siebenten Wiener Bezirk.

Die entlassenen Bundesheersoldaten will Van der Bellen für den Katastrophenschutz verwenden: „Sie sollen bei mir in der Hofburg Spalier stehen und eingreifen, wenn ich mit meiner brennenden Zigarette einschlafe, was nicht oft vorkommt, aber doch so drei oder vier Mal pro Minute."

Opposition eliminiert
„Genau das wollte ich verhindern. Warum hat mir nur keiner geglaubt?", bedauert Norbert Hofer am Weg ins Arbeitslager. Dort sollen er und sämtliche anderen Funktionäre von FPÖ, ÖVP und NEOS auf die grüne Ideologie umgezogen werden. Außerdem müssen sie bis zu 6,5 Stunden am Tag unter extrem guten Bedingungen Filzschlapfen nähen.

Medien vernichtet
Ob sich die Opposition noch rechtzeitig gegen den neuen starken Mann im Land formieren kann, ist unklar. Derzeit lässt Van der Bellen sämtliche kritischen Journalisten inhaftieren. Das *Krone*-Gebäude wurde bereits gestürmt. Interviews will er nur noch ihm nahestehenden Fake-News-Magazinen wie *Biorama*, *The Gap* und *Falter* geben.

 144 743 Leser 15 674 Shares

> **Anna F.**
> Schlecht recherchierter Artikel. Wo befindet sich denn nun diese Haschtrafik?

> **Akatosh T.**
> Den Teil, wo DIKTATOR Van der Bellen alle Grenzen abgeschafft hat und illegale Asylanten in allen Amtsgebäuden unterbringen will, verschweigt die linkslinke Gutmenschenlügenpresse natürlich. Wenn das der heilige Jörgl wüsste …

27.01.2017

Seltenes Naturschauspiel: BWL-Studenten ziehen wegen Kälte umgebundene Pullover an

Ein Naturphänomen kann man derzeit am Campus der Wiener Wirtschaftsuniversität beobachten: Wegen der Rekord-Kälte haben Tausende BWL-Studenten ihre über die Schultern geworfenen Ralph-Lauren-Pullover abgenommen und stattdessen über ihre Oberkörper gestreift. Sie erhoffen, dadurch eine Steigerung ihrer Energiehaushaltsdisziplin zu erreichen.

„Wir haben die Entdeckung gemacht, dass sich durch die Erhöhung der Anzahl der Bekleidungsschichten eine signifikante Optimierung des eigenen Stoffwechsels erzielen lässt", sagt WU-Student Claudius Berger, 21, während er sich steif bewegt. Er muss sich noch an den Pullover gewöhnen. „Studien zeigen, dass ab einer Temperatur von minus acht Grad der Break-Even-Point erreicht ist, an dem die Wärmevorteile die Nachteile geringerer Reichtumsdemonstration überwiegen", so Berger.

Revolutionäre Entdeckung
Dabei war das Tragen von Pullovern für viele BWL-Studenten lange Zeit undenkbar. „Erst als ich einmal versehentlich in einen

Soziologie-Hörsaal gegangen bin, habe ich gesehen, wofür die verschiedenen Öffnungen in diesen Pullovern tatsächlich gut sind", erzählt uns Claudius lachend. „Meine Mutter hat mir das ja nie erklärt, wenn sie mir in der Früh meine Kleidung rausgelegt hat."

Weitere Entdeckungen
Er will mit diesen neuen Erkenntnissen nun Seminare für alternative Einsatzmöglichkeiten von Kleidungsstücken geben. Dabei wird er auch seine neueste Entdeckung präsentieren: „Ich will nicht zu viel verraten, aber es hat damit zu tun, dass sich Burberry-Schals neben dem lässigen Flattern aus dem Porsche-Cabrio auch hervorragend als Kälteschutz in der Halsregion eignen."

 101 578 Leser   16 188 Shares

> **Josef S.**
> Was passiert als Nächstes? Dass bei Hitze die IT-Studenten die Kapuzenpullover ausziehen? Die Welt steht nicht mehr Lange.

> **Sebastian L.**
> Was haben Vater und ich wieder herzlich gelacht. In der kalten Jahreszeit entspannt man im Ferienhaus auf den Bahamas! #justus

31.01.2017

Endlich problemlos in die USA: Iranerin ersetzt Kopftuch durch angemessene Kopfbedeckung

Das Einreiseverbot für Muslime hat auf amerikanischen Flughäfen zu Chaos geführt. Einer Iranerin ist es nun jedoch gelungen, problemlos in die USA einzureisen, nachdem sie ihr Kopftuch gegen eine angemessenere Kopfbedeckung ersetzt hatte.

Passende Kopfbedeckung
„Die anderen Passagiere vor mir wurden bei der Einreise alle abgewiesen, weil sie einen iranischen Pass hatten", erzählt die Ärztin Shirin J. (41).

Doch sie nutzte ihre Chance: „Im Souvenirshop am Flughafen habe ich so eine typische weiße amerikanische Haube gefunden. Die hab' ich mir gekauft und statt des Kopftuchs aufgesetzt, und schon hat man mich ins Land gelassen."

Shirin wurde beim Verlassen des Gates nicht einmal mehr kontrolliert, da sie von einem Security-Mitarbeiter mit dem örtlichen Polizeichef verwechselt wurde, dem sie zum Verwechseln ähnlich sah.

Auch Social Media kontrolliert

Die amerikanische Grenzbehörde verschärft ihre Tonart und kontrolliert inzwischen sogar die Social-Media-Profile der Einreisenden. Shirin hat vorgesorgt: „Auf Facebook habe ich mein Hochzeitsfoto als Profilbild. Ich habe sicherheitshalber meinen persischen Mann rausretuschiert und durch Donald Trump ersetzt."

Facebook-Chef Mark Zuckerberg ist besorgt, da sein Dienst von den US-Behörden missbraucht wird: „Ich habe Facebook nicht gegründet, damit die Regierung die Daten gegen die Nutzer verwenden kann. Sondern damit die Wirtschaft die Daten gegen die Nutzer verwenden kann."

Zuckerberg will reagieren: Er wird noch diese Woche die AGB so anpassen, dass auch die Regierung die Daten problemlos missbräuchlich verwenden darf.

 60 712 Leser   13 254 Shares

> **Josef F.**
> Wieder neue Facebook-AGB? Da teile ich doch gleich wieder ein Foto, dass ich dem widerspreche!

> **Osman I.**
> Das sollte sie eher machen, wenn sie in Österreich im öffentlichen Dienst arbeiten möchte.

01.02.2017

Großaufgebot der Polizei sucht nach Oaschloch, das um 3 Uhr früh Schnee geräumt hat

Großalarm heute Nacht in Wien: Mehrere Hundert Polizisten suchten in einer Alarmfahndung nach einem mutmaßlichen Oaschloch, das um drei Uhr früh in Wien-Margareten Schnee geräumt hat. Der Täter befindet sich auf der Flucht.

„Ich bin mitten in der Nacht aufgewacht, weil im Innenhof so ein Scheißhurenslärm war", erzählt Augenzeugin Elfriede Leitner, 56, aus Wien-Margareten. „Dann hab' ich aus dem Fenster geschaut und seh' unten so ein deppates Oaschloch, das Schnee räumt." Sie habe daraufhin sofort die Polizei gerufen.

„Oaschloch!"-Rufe

Bis zum Eintreffen der Einsatzkräfte hat Leitner den Täter mit lauten „Oaschloch!"-Rufen in den Innenhof in Schach gehalten. Sofort haben ihre Nachbarn Zivilcourage gezeigt und mitgemacht. Trotz unzähliger Beschimpfungen konnte der Mann mit seiner Schneeschaufel unerkannt fliehen.

Möglicher Wiederholungstäter

Kurz danach rückte die Polizei bereits mit Spürhunden und Cobra-Beamten an, die den Täter jedoch nicht mehr stellen konnten. Die Behörden hoffen, den Unbekannten rechtzeitig zu fassen, bevor er weitere lärmintensive Taten begehen kann, wie etwa im Kino genüsslich zu schmatzen oder im Restaurant laut zu telefonieren.

 211 344 Leser   19 279 Shares

Sabrina O.
Schon wieder so eine abartige Perversität mitten unter uns, Einzelfall oder die Invasion der lärmenden Arschlöcher???!!111!!

Stefan N.
hab mich schon mal dabei erwischt, von youtube einen laubbläsersound auf der surroundanlage abzuspielen, um dem hausmeister zu demonstrieren, wie nervig er damit ist.

03.02.2017

Zu viel Rauch in Hofburg: Akademikerball wegen extremer Feinstaubbelastung abgesagt

Am Freitag wird in der Hofburg doch nicht getanzt! Der umstrittene Akademikerball der FPÖ muss wegen extremer Feinstaubbelastung in der Hofburg abgesagt werden. Jeder Raum des Gebäudes ist mit dichtem gesundheitsschädlichen Rauch gefüllt.

„Was geht es mich an? Lasst den Feinstaub doch", sagt Bundespräsident Alexander Van der Bellen, während er eine komplette Stange Zigaretten anzündet und mit drei Zügen inhaliert. Woher der Feinstaub plötzlich komme, wisse er nicht. Um die ungewöhnlich hohe Belastung in der Hofburg zurückzudrängen, wird es ab sofort pro Arbeitswoche fünf autofreie Tage in der Wiener Innenstadt geben.

Schwere Atemnot
„Wien ist derzeit stark von Feinstaub betroffen, aber Werte wie innerhalb der Hofburg haben wir noch nie gemessen", so Dr. Michaela Jelinek vom AKH Wien. Jeder, der die Hofburg betreten habe,

erlitt schwere Atemnot und muss derzeit behandelt werden. Das Gebiet rund um die Hofburg ist evakuiert worden. Smog-Experten aus Peking beraten die Stadt Wien.

Enttäuschte Gäste
„Ich habe mich schon so auf den Ball gefreut", sagt Jus-Studentin Hitlerike Stahlhelm, 21, aus Wien-Döbling. „Wenn ich Emotionen empfinden könnte, würde ich jetzt weinen. Herzlichen Dank an den linksfaschistischen Marlboro-Stalin in der Hofburg!" Alle Betroffenen können ihre Karten zurückgeben oder spenden. Das Geld soll Hunderten Burschenschaftern zugutekommen, die nach dem 50. Lebensjahr noch immer Jungfrau sind.

 40 141 Leser  6759 Shares

> **Wolfgang K.**
> Die Rauchmelder sind schon abmontiert, sonst müsste die Feuerwehr 10 Mal am Tag zur Hofburg fahren.

09.02.2017

Pühringer weg, Pröll weg: WWF stellt Michael Häupl unter Artenschutz

Nach Erwin Pröll wird nun auch Josef Pühringer bald für immer aus der Politlandschaft verschwinden. Der WWF warnt deshalb vor dem Aussterben der Gattung „Landeskaiser Austriacus" und stellt nun mit Michael Häupl das letzte Alphamännchen dieser Spezies unter Artenschutz.

„Wir müssen rasch handeln, bevor es zu spät ist", warnte ein WWF-Sprecher heute im Rahmen einer Pressekonferenz. Der seit 1994 durch Wien streunende Häupl darf ab sofort weder gefangen genommen noch abgeschossen werden. Nicht einmal von seiner eigenen Partei. Der Erhalt der Landeskaiser ist für das Ökosystem wichtig: Sind sie einmal aus der politischen Landschaft verschwunden, hat die Regierung keine natürlichen Feinde mehr.

Patenschaft übernehmen

Lokalaugenschein auf der Mariahilfer Straße: Um Häupl zumindest noch über den Winter zu bringen, sammeln junge WWF-Mitarbeiter aktiv Spenden, wie auch einer der **TAGESPRESSE**-Redakteure erfahren musste. „Eeeeey, soooorry, du mit dem Vollrausch! Hast du mal 'ne Sekunde für den Michi?", schreit eine junge Frau und jongliert gekonnt mit ihrer Mappe, aus der sie Aufnahmen eines traurigen Häupl hervorholt.

Häupl weiterhin zufrieden
Häupl selbst bekommt von all der Aufregung zum Glück nichts mit. Spielerisch rollt er sich von einem Heurigen zum nächsten und knabbert eifrig an ein paar Wurstsemmeln, die er unter einem Berg voller Blätter findet, die vor seinem Drucker liegen. Etwa Dienstagmittag ist es dann so weit: „Sein Körper signalisiert ihm, dass es Zeit für den Winterschlaf ist", erzählt ein Wiener Förster. „Häupls Blutdruck fährt dann drastisch herunter auf 190 zu 150."

 37 076 Leser  10 211 Shares

> **Alfred S.**
> Höchste Zeit, dass Schönbrunn mit Homo weinensis ein Nachzuchtprogramm startet. Irgendwo in den Weinbergen Wiens sollen sich noch ein paar verwilderte Weibchen seiner Spezies herumtreiben.

> **Tobias H.**
> Gebt ihn zum Abschuss frei! So ganz ohne Gleichgesinnte ist eine artgerechte Haltung solch eines Silberrückens nicht möglich.

14.02.2017

Für Valentinstag in Wien: Milka präsentiert Herzen mit Kebab-Geschmack

Für den Valentinstag hat sich Milka etwas Besonderes ausgedacht und präsentiert nun speziell für Wien hauchzarte Milka-Herzen mit intensivem Kebab-Geschmack. In der Packung finden sich verschiedene Herzen von „normal" bis „extrascharf".

Die „Pralinen des sehr, sehr kleinen Mannes", wie Milka die Kebab-Herzen bezeichnet, stoßen bei der Bevölkerung auf viel Gegenliebe, obwohl einige Käufer noch Luft nach oben sehen. „Der Kebab-Geschmack ist super", sagt ein Kunde aus Hernals. „Aber ich hätte mir gewünscht, dass die kleinen Schokoherzen auch noch mit Rum oder Ottakringer gefüllt sind."

Liebevolle Grußkarten
Zusätzlich zu den neuen Herzen hat Milka eigene Wiener Grußkarten entworfen, mit denen sich Paare gegenseitig überraschen können. So sind etwa Sprüche wie „Ich liebe dich, du Hurensohn" oder „Mein Herz schlägt nur für dich, du blades Stück Scheiße" in den Packungen enthalten.

Romantik in ganz Wien

Ganz Wien ist ergriffen vom Valentinstag. Am Praterstern ritzen Paare gemeinsam ihre Namen mit Messern in Passanten. In Meidling werden romantische Liebesbriefe auf Gerichtsvorladungen geschrieben, und in Rudolfsheim-Fünfhaus bringen Frauen ihren Männern das Frühstück bis an den Beisl-Tisch, auf dem sie betrunken eingeschlafen sind.

Axel (24) aus Floridsdorf etwa bastelt das Geschenk für seine Frau selbst: „Da schaut's mal aus dem Schlafzimmerfenster! Ich hab' ihr ein Herz in den Schnee gebrunzt!" Valentinstag in Wien, ein Fest für alle Sinne!

 36 276 Leser  6065 Shares

> **Daniel F.**
> Aber wie aromatisch sind die gegenüber dem Original? Nicht, dass der fantastische Geruch in der U6 ausbleibt.

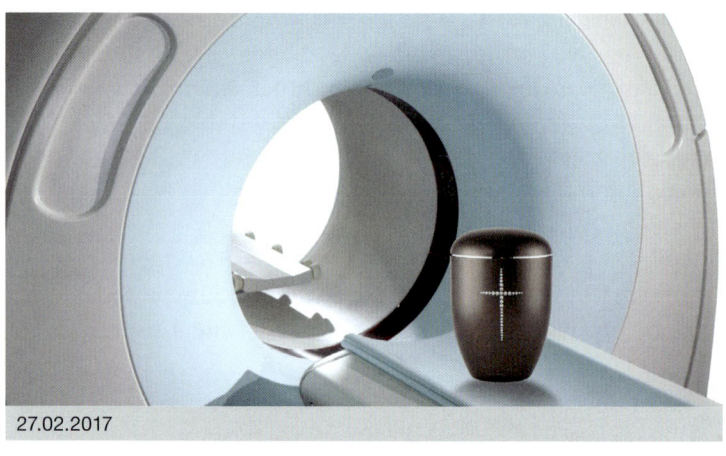

27.02.2017

Endlich: Patient (56) bekommt wichtigen MRT-Termin nur sechs Jahre nach Tod

Allzu oft müssen sich Patienten über lange Wartezeiten für MRT-Scans ärgern. Zumindest für Klaus P. (56) hat das Warten ein Ende: Er erhielt heute endlich seinen Termin für eine dringend benötigte Untersuchung. Da er jedoch bereits vor sechs Jahren verstorben ist, wurde lediglich seine Urne in den Scanner geschoben.

Lebenswichtig
„MRT-Scans sind sehr wichtig, da lebensgefährliche Krankheiten damit frühzeitig entdeckt werden können", erklärt Ärztin Dr. Lisa Holzer, während sie die Aufnahmen der Urne von Klaus P. begutachtet.

„Wir haben beim MRT nichts gefunden, der Mann ist kerngesund", so Holzer erfreut. Die Urne soll nun wieder in seinen Job als freier Grafikdesigner zurückkehren. Der Krankenstand endet morgen.

SVA erleichtert

Die Nachricht von Klaus P.s Genesung sorgt auch bei seiner Krankenversicherung, der SVA, für Freude. „Vielleicht wird er jetzt endlich, nach sechs Jahren, mal wieder seine Beiträge bezahlen", hofft SVA-Pressesprecher Adolf Stalin.

Bei fortgesetztem Zahlungsverzug will die SVA einen Zwangsvollstrecker damit beauftragen, seine Urne zu pfänden. Aus der Asche sollen Diamanten gepresst werden, die in die Schatzkammern der SVA überstellt werden.

 37 937 Leser  6858 Shares

> **Jasmin T.**
> Patient: Ich rufe an wegen einem MRT-Termin!
> Ordinationshelfer: Puh … na da hätt' ich erst in 3 Monaten etwas frei …
> Patient: Aber ich zahle priv…
> Ordinationshelfer: Oh … ich hab' gerade gesehen, dass ich für Sie morgen einen Termin hätte!

> **Michael H.**
> Wäre mir fast so ergangen, hätte ich nicht privat eine Computertomografie organisiert. Aus den Spitälern wurde ich mit solchen Worten rausgeschmissen: „San S' ned so wehleidig, gengan S' jetzt bitte ham!"

28.02.2017

Grund für Panne bei Oscars geklärt: Jury verwendete österreichische Kuverts

Der Grund für die Panne bei der Oscar-Verleihung wurde geklärt: Es wurden fehlerhafte österreichische Kuverts verwendet. Anscheinend hatte sich das Kuvert von selbst geöffnet, somit wurde „La La Land" statt „Moonlight" zum besten Film gekürt. Eine Anfechtung steht im Raum.

„Das ist ein peinlicher Tag für uns alle", so ein Organisator. „Wir wollten auf Qualität setzen und haben extra österreichische Kuverts angefordert. Anscheinend hat sich der Klebestreifen der Kuverts von selbst geöffnet." Folglich dürfte ein Zettel mit einer Auszeichnung für „La La Land" irrtümlich in das Kuvert für die Kategorie „Bester Film" gerutscht sein.

Offenbar kauften die Organisatoren billige Bestände beim österreichischen Innenministerium auf. Wolfgang Sobotka verteidigt seine Ware: „Uns trifft keine Schuld. Wir haben ausschließlich Klebstoff aus Deutschland verwendet."

Konsequenzen

Eine Wiederholung der Oscar-Verleihung scheint nun unausweichlich. Die FPÖ fühlt sich in ihren Befürchtungen bestätigt: „Es ist keine Überraschung, dass die Verleihung von vorne bis hinten manipuliert war", kritisiert Strache. Nur so sei zu erklären, wieso seine eigene Einreichung „FPÖ-TV begleitet Strache und Hofer nach Moskau" in der Kategorie „Bestes Gangster-Epos" ignoriert wurde.

 66 138 Leser    25 869 Shares

Felix V.
Schade für HC Strache, dass nicht sein persönliches Video „Bla Bla Land" gewonnen hat.

Martin H.
Eigentlich hat ja auch Norbert Hofer den Oscar für den besten Schauspieler in seiner Rolle als kreidefressender BP-Kandidat erhalten, und Strache wurde zum besten Nebendarsteller in der Rolle des Möchtegern-Kanzlers/Bürgermeisters gewählt.

01.03.2017

Wissenschaftler staunen: Werwolf verwandelt sich bei Vollmond in Wolfgang Sobotka

Vor einem Rätsel stehen Biologen der Universität Wien: Sie entdeckten im Wienerwald einen Werwolf, der sich immer bei Vollmond in Wolfgang Sobotka verwandelt. Die Entdeckung ist so unerklärlich wie faszinierend.

Studienleiter Manfred Holzinger erzählt: „Untertags verhält sich der Werwolf ganz normal, reißt einige Schafe und gelegentlich auch ein Kleinkind, nichts Schlimmes. Doch bei Vollmond wird er dann richtig unsympathisch."

Die Forscher beobachteten, wie nach Mondaufgang das pelzige Maul des Tiers zu verbitterten, schmalen Lippen und die tiefen, schönen Augen zu eiskalten Schlitzen degenerierten. Danach machte der Werwolf in der Gestalt des Innenministers Jagd auf mehrere Asylwerber, Obdachlose und Gewerkschafter.

Kurz vor Sonnenaufgang kehrte er dann zu seinem Bau nahe St. Pölten zurück, um sich von seinem Alphamännchen Erwin Pröll den Bauch kraulen zu lassen, ehe er sich schließlich zurückverwandelte.

Erklärungsversuche

Studienleiter Holzinger kann nur spekulieren, wie es zu dieser Verwandlung bei Vollmond kommen kann. „Womöglich wurde der Werwolf vor einigen Jahren von Innenminister Sobotka gebissen und steht seither unter einer Art Fluch", vermutet er.

Unter Umständen hat der Werwolf aber auch einfach nur direkt in Sobotkas Augen geblickt, was bekanntermaßen lebensgefährlich sein kann. Laut dem Forscher könnte auch das bereits ausreichen, um mit der kalten Strahlung kontaminiert zu werden.

Sicherheitsmaßnahmen erhöht

Als erste Konsequenz wurde der Personenschutz von Wolfgang Sobotka erhöht. Die Behörden hoffen, dass sie so noch mehr Personen und Tiere vor ihm beschützen können.

 32 356 Leser  4799 Shares

> **Thomas F.**
> Experten vermuten, dass mit dem Werwolfgang auch jener Übeltäter gefunden wurde, der dem Innenminister regelmäßig vor die Tür gackt. Vermutlich aus Rache für die Verfluchung.

> **Hans U.**
> Die Scheinwerfer im ZIB-Studio funktionieren genauso gut wie der Vollmond.

06.03.2017

Ausländer-Thema von Regierung besetzt: FPÖ hetzt ab sofort gegen Inländer

Da nach der ÖVP nun auch Kanzler Kern einen schärferen Kurs gegen Zuwanderer einschlägt, geht der FPÖ ihr bisheriges Lieblingsthema verloren. Doch man will sich nicht unterkriegen lassen und schießt sich auf ein neues Feindbild ein: Ab sofort will die FPÖ anstatt gegen Ausländer nur mehr gegen Inländer hetzen.

„Es kann nicht sein, dass unsereins schlechtere Chancen am Arbeitsmarkt hat, weil diese Hiesigen uns die Jobs wegnehmen!", wettert Strache im Rahmen einer Pressekonferenz. „Sehen Sie sich mal um. Überall nur Inländer! Sie schmarotzen am AMS, sie machen Probleme auf Bahnhöfen. Sie können nicht mal ordentlich Deutsch. Das Boot ist voll! Inländer raus!"

Harter Kurs gegen Inländer

„Wenn ich in der Regierung bin, greifen wir hart durch!", verspricht der FPÖ-Chef. „Ich werde den Inländern das Kindergeld kürzen, die Mindestsicherung senken und für alle Inländer die Kollektivverträge abschaffen." Das FPÖ-Parteiprogramm muss nicht umgeschrieben werden, da all diese Maßnahmen auch bisher schon von der FPÖ geplant waren.

Unter den Strache-Anhängern kommt der Kurswechsel gut an. „Endlich tut jemand mal was gegen die Inländer", meint Karl T. gegenüber der **TAGESPRESSE**. „Vor dem Sohn von der Frisörin von meiner Tante ist amal ein Inländer auf der Rolltreppn links gestanden. So a reudiges Gsindl! Des wird man wohl noch sagen dürfen."

Spannung vor Wahl
Gegenüber der **TAGESPRESSE** analysiert Politexperte Peter Filzmaier die Chancen der neuen FPÖ: „Bisher ist Strache ganz gut gefahren mit seiner Ablehnung gegen Ausländer. Aber wenn der Österreicher eines noch mehr verachtet und hasst als Ausländer, dann sind es andere Österreicher – der Nachbar, die Tante, der Arbeitskollege."

Mit seinem neuen Slogan „Marokkaner-Diebe statt Inländerliebe" könnte Strache bei der nächsten Wahl demnach locker die absolute Mehrheit erreichen.

 49 490 Leser  5625 Shares

> **Günter L.**
> „Gegen im Ausland lebende Inländer" wäre noch zu haben. Solche wie Felix Baumgartner z. B.

> **Denise G.**
> Schlecht recherchierter Artikel. Fehlt doch glatt das Einstampfen der Frauenhäuser. Und dass es eigene Ausländerklassen geben soll, steht ja auch im Parteiprogramm – das zielt doch ganz eindeutig darauf ab, diese Ausländerklassen dann zur Elite zu erziehen, während die Inländerklassen versumpfen.

06.03.2017

„Tochter wollte heute nach New York": Hofer postet Urlaubsbild auf Facebook

Erst gemeinsames Pizzaessen, jetzt sogar eine Reise nach New York: Nach dem Wahlkampfstress des letzten Jahres verbringt Norbert Hofer 2017 mehr Zeit mit seiner Familie und lässt seine Facebook-Fans daran teilhaben. Hofer schwärmt im **TAGESPRESSE**-Interview von der imposanten Skyline New Yorks mit den weltberühmten Türmen des World Trade Centers.

„Ich war noch niemals in New York. Kleiner Scherz, ich bin gerade in New York. Das war eine Anspielung auf ein Musical", sagt Hofer im **TAGESPRESSE**-Gespräch und lacht laut. Er befindet sich gemeinsam mit Frau und Tochter seit heute Mittag in der Stadt.

Anreise aus Pinkafeld
Angereist ist Hofer direkt aus Pinkafeld mit seinem Rasentraktor. „Heute haben wir uns schon das World Trade Center angesehen. Diese beeindruckenden Zwillingstürme haben uns sehr beeindruckt", erzählt Hofer.

Auch seiner Tochter gefalle die Reise, fährt er fort: „Heute Abend gehen wir Pizza essen, wir haben Pizza so gern. Danach schauen wir uns ein NBA-Spiel an. Ich bin schon gespannt auf Michael Jordan und Dennis Rodman."

Spannende Freizeitpläne
Hofers nächste Freizeitaktivität führt ihn zurück nach Wien: „Ich gehe nächste Woche auf ein Falco-Konzert. Sein neues Album ‚Magic Life' ist super, vor allem dieser Bungalow- und dieser Baba-Song. Falco und ich teilen auch die Leidenschaft für weißes Pulver, also Kreide, meine ich", sagt Hofer und lacht minutenlang. Sein letztes Falco-Konzert besuchte er im Juli 2014 am Tempelberg in Israel.

 134 313 Leser 12 708 Shares

Katharina R.
Find ich nicht lustig, wenn die Familie herhalten muss … das hätte nicht sein müssen! Und ja, ich weiß, die FPÖ ist in Hinsicht Privatsphäre und Achtsamkeit kein Vorbild, aber gerade deswegen sag ich: LASST ES UNS BESSER MACHEN! Bin ein Fan der TAGESPRESSE, aber Ironie um jeden Preis ist mir zu populistisch, vertrumpt noch mal.

Michael W.
Er hat vergessen zu schreiben: „Die Pizza habe ich eigenhändig beim Zielpunkt gekauft."

08.03.2017

Schöne Geste am Weltfrauentag: Gabalier sperrt Küchentür heute nicht zu

Andreas Gabalier lässt aufhorchen: Als Geste zum Weltfrauentag will er heute zu Hause die Küchentür nicht wie sonst absperren. In den sozialen Netzwerken herrscht Skepsis. Um dem „Kuchlgate" entgegenzuwirken, lud Andreas Gabalier DiE**TAGESPRESSE** zu einer Homestory auf seinen Bauernhof am Grazer Jakominiplatz.

„Kummt's eina!", begrüßt uns der Sänger. Gabalier führt durch das Erdgeschoß. Dort sind alle Türen offen, Hanteln und ein totes Rehlein („Des hob i auf der A 2 abgeschossen") liegen herum, aber wo ist die Küche? „Die liegt bei mir a bisserl tiafa, oba dass' ma deshalb kan Strick draht's, es Pressefuzzis", zwinkert Gabalier sympathisch. Im Keller führt Gabalier durch Fitnessraum und Sauna.

Während uns Gabalier noch ein Stockwerk tiefer führt, betont er anlässlich des Weltfrauentags die Wichtigkeit von fairer Bezahlung für Frauen: „Mei Dirndl raunzt a viel weniger, seit ich ihr mehr Taschengeld geb."

Auf das Insistieren, uns endlich die offene Küchentür zu zeigen, mahnt Gabalier zur Geduld: „First things first!" Über eine Wendeltreppe geht es einen Stock tiefer. „Do is mei Weinkeller. I hob aber goa kan Wein, sondern einige Fässer Wodka, Red Bull und edlen Jägermeister, alle von verschiedenen Jahrgängen."

Wieder hebt er eine Falltür. Man hört Wasserrauschen. „Des is des Grundwasser", sagt Gabalier. „Jetzt werdet's schauen." Tatsächlich sieht man nichts, aber nachdem sich die Augen an die Dunkelheit gewöhnt haben, erkennt man eine offene Holztür, an der eine schwere Kette zu Boden hängt. Der wackelige Schein einer Kerze ist dahinter zu erkennen: „Na? Jetzt sogt's nix mehr, wos? Des is die Kuchl, und wie ihr seht's: Die Tür is offen. Hobt's eh a Blitzlicht fürs Foto?"

 49 742 Leser   8433 Shares

> **Robert F.**
> Ich find's schon nett, wie der Andi sich um die Weiberl kümmert. 1 echter Feminist!

> **Thomas H.**
> Da besteht ja Hoffnung, dass Gabalier endlich einsieht, dass Frauen Menschen wie wir sind.

10.03.2017

„Dort sieht ihn keiner": Erdoğan darf auf ServusTV auftreten

Die Regierung lässt den umstrittenen türkischen Präsidenten Recep Tayyip Erdoğan nun doch in Österreich auftreten – allerdings mit einer Sonderauflage: Erdoğan darf nur auf ServusTV sprechen, denn „dort sieht ihn keiner", begründet das Innenministerium die Entscheidung.

Die Nachricht kommt bei allen vier ServusTV-Zusehern sehr schlecht an. „Ich will keine Ausländer sehen, genau deshalb schaue ich doch ServusTV!", sagt etwa Gerwald Judenschreck (89) aus Salzburg.

Vorbereitungen

Beim Sender werden bereits erste Vorbereitungen getroffen: Für den Tag des Erdoğan-Auftritts werden Kopftücher in der Redaktion verteilt. „Die haben wir uns von den ORF-Reporterinnen ausgeliehen", erzählt eine ServusTV-Journalistin.

Während der Rede sollen außerdem alle kritischen ServusTV-Journalisten eingesperrt werden. Didi Mateschitz begrüßt die Maßnahme. Die Menschenrechte werden in Salzburg an dem Tag des Erdoğan-Auftritts außer Kraft gesetzt.

Brisante Rede

Insidern zufolge will Erdoğan in seiner Rede zuerst die nicht vorhandene Meinungsfreiheit in Österreich und Deutschland ansprechen. Anschließend will er die Verhaftung weiterer Journalisten in der Türkei befehlen.

Gleich im Anschluss an seine Rede diskutiert Erdoğan dann gemeinsam mit Michael Fleischhacker bei „Talk im Hangar-7" zum Thema „Pressefreiheit: Segen oder Fluch?"

 66 138 Leser  25 869 Shares

> **Nico P.**
> oe24.tv wäre denke ich besser, dort ist das geistige niveau auch passend.

> **Wolfgang J.C.**
> Ich denke, ServusTV wäre die falsche Wahl, denn dort sind zwar nicht viele Seher, aber immerhin intelligente …

14.03.2017

Darf doch in Niederlanden auftreten: Erdoğan erhält Einladung nach Den Haag

Im eskalierten Konflikt rund um untersagte Wahlkampfauftritte türkischer Politiker in den Niederlanden zeichnet sich nun eine überraschende Einigung ab. Nach nächtlichen Beratungen des UN-Sicherheitsrats hat der niederländische Premierminister Rutte eine direkte Einladung an Ankara ausgesprochen: „Sehr gerne würden wir Präsident Erdoğan zu uns nach Den Haag einladen, damit er in unserem schönen Friedenspalast vor internationalen Juristen in einem Vortrag über seine herausragenden Leistungen auf dem Felde der Demokratie und der Menschenrechte berichten kann."

Erdoğan soll allerdings eine Zahnbürste, frische Unterhosen und ein paar gute Bücher mitnehmen, da der Aufenthalt unerwartet länger dauern könnte, heißt es in der offiziellen Einladung der holländischen Regierung.

Freude in Ankara

Ankara zeigt sich über diese Nachricht erfreut. In einer ersten Stellungnahme richtet der türkische Provokationsminister Eyalda Füktüş versöhnliche Worte an die niederländische Regierung: „Wir sind zufrieden, dass diese faschistischen, antiislamischen Nazi-Rassisten aus Holland ihren Scheißfehler eingesehen haben. Und wenn unser Präsident kommt und zu euch spricht, dann haltet ihr eure Fresse, sonst mach ich euch Krankenhaus!"

Höchste Sicherheitsvorkehrungen

Für die geplante Auslandsreise des türkischen Präsidenten gelten höchste Sicherheitsvorkehrungen. Einem Diplomaten zufolge leidet Herr Erdoğan am seltenen „Rumpelstilzchen-Syndrom" – er ist nur zu zwei Gemütszuständen fähig: fürchterlich wütend oder extrem beleidigt.

Schon die kleinste Provokation, wie etwa ein Tweet von Sebastian Kurz, könnte der Funke sein, der ihn zum Explodieren bringt und alles in Trümmer legt. Erdoğan wird deshalb völlig abgeschirmt in einem gepanzerten Gefahrengutcontainer transportiert und bis zu seinem Auftritt mit Videos von inhaftierten Journalisten in einem stabilen Gemütszustand gehalten.

 152 603 Leser   31 469 Shares

15.03.2017

Mercer-Studie: Wien hat Bürgermeister mit der höchsten Leberqualität

Wien ist einfach nicht zu toppen: Nachdem die Bundeshauptstadt in der Mercer-Studie bereits zum achten Mal in Folge den Titel „Lebenswerteste Stadt der Welt" einheimsen konnte, wurde in diesem Jahr auch Wiens Bürgermeister Michael Häupl mit dem Preis für die höchste Leberqualität ausgezeichnet.

Langlebige Lebern

Das „Mercer Top Quality of Liver Ranking 2016" wurde wie jedes Jahr anhand der Befunde von über 20 000 Internisten aus aller Welt erstellt und ehrt Besitzer von Lebern, deren Leistungsfähigkeit jedes medizinisch erklärbare Maß weit übersteigt. Weitere berühmte Preisträger waren unter anderem Gérard Depardieu, Keith Richards und ATV-Star Maxl aus Simmering.

„Diese Auszeichnung kommt für mich nicht überraschend. Unsere embierischen Daten zeigen, dass es in ganz Europa keinen Politiker gibt, der über Jahrzehnte hinweg eine solch konstant hohe Schwankungsbreite hat", meint auch Christoph Hopfinger vom renommierten Meinungsforschungsinstitut Sodbrand (kurz: SORA).

Würdigung

Um diese außergewöhnliche Leistung des Bürgermeisters zu würdigen, will SP-Kulturminister Thomas Drozda den Wiener Heldenplatz kurzerhand in „Häuplplatz" umbenennen. Die traditionellen Reiterdenkmäler sollen einem Monument weichen, das die Leber des Bürgermeisters in all ihrer Pracht und Herrlichkeit repräsentiert.

„Ich habe da an eine riesige Flasche Veltliner gedacht, welche gerade von einem Leberknödel zertrümmert wird", schildert Drozda mit funkelnden Augen.

Denkmal

Michael Häupl hat mit dem Ansinnen des Ministers allerdings keine rechte Freude: „A Statue nur für mi, des wär' zu viel der Ehre. Ich wünsch mir ein Denkmal für die Stadt. Ein Sinnbild für ganz Wien!", erklärt der Bürgermeister der **TAGESPRESSE**.

Auf die Frage, welches Monument das Wesen Wiens am besten darstellen würde, meint Häupl auf seine gewohnt sonnige Art: „Wenn's mi frogt's – a schnitzelbrauner Lipizzanerdackel, der den ganzen Tag jammert und im Dreivierteltakt Mozartkugeln aufs Trottoir scheißt!"

42 465 Leser   10 050 Shares

16.03.2017

Zu eng: Notarzt muss Kern aus Designer-Anzug schneiden

Das war knapp! Bundeskanzler Christian Kern musste heute Früh von einem Notarzt aus einem zu engen Designer-Anzug geschnitten werden. Kern geht es körperlich gut, er wird jedoch psychologisch betreut.

Kurz nach sieben Uhr traf der Notarzt bei Kern ein. Er handelte sofort und befreite den Kanzler mit einem Skalpell. Kern hatte zuvor den Notruf gerade noch selbst absetzen können.

„Es war einfach unverantwortlich, was ich da gemacht habe", sagt Kern und sitzt in einem Slim-Fit-Pyjama von Boss Orange auf seiner Rolf-Benz-Couch. Er starrt ins Leere. Vor ihm liegt der zerschnittene Armani-Anzug. Kern wischt sich die Tränen mit einem Hermès-Seidenschal ab.

Kurzschlussaktion

Letzte Woche hatte er den Armani-Anzug im Internet bestellt: „Ich habe bereits geahnt, dass er mir zu eng sein könnte, aber der Schnitt war so wunderschön, ich bin schwach geworden und habe ihn in den Warenkorb gelegt."

In einer Kurzschlussaktion bestellte er ihn: „Ich habe nur an die Tausenden Likes auf Facebook und Instagram gedacht und meine Gesundheit komplett vergessen."

Anzug einäschern
In Zukunft will sich der Kanzler wieder ausschließlich auf Maßanzüge verlassen. Er ist gerade noch mit dem Schrecken davongekommen. Heute will er seinen Anzug verbrennen lassen. Die Asche wird auf den Laufstegen der Pariser Fashion Week verstreut.

 42 465 Leser   10 050 Shares

Susanne G.
Das kommt davon, wenn man bei Onlineshops nie die Größe einschätzen kann!

Otingo C.
Da is a SPÖler mal ned fett und dann ist es auch keinem recht.

17.03.2017

Millionen Amerikaner vor Ruin: Trump will Obamacare durch SVA ersetzen

US-Präsident Donald Trump hat heute sein neues Konzept für die lange versprochene Gesundheitsreform präsentiert, doch selbst Republikanern geht der radikale Schritt zu weit: Trump wird Obamacare durch die SVA ersetzen.

„Obamacare ist tot!", freut sich US-Präsident Trump. „Wir haben etwas viel Besseres, ihr seid jetzt alle bei der SVA!" Experten befürchten, dass Millionen von Amerikanern noch in diesem Jahr durch undurchschaubare Beitragszahlungen und willkürliche Nachbemessungen der finanzielle Ruin droht.

Sogar bei den Republikanern selbst formiert sich Widerstand. „Wir haben Waffenhändler und Ku-Klux-Klan-Mitglieder in der Partei. Aber dass wir uns jetzt an so einem düsteren Weltuntergangsstrategen wie SVA-Obmann Christoph Leitl die Hände schmutzig machen, ist gefährlich", warnt Trump-Berater Steve Bannon.

SVA vor logistischem Problem

Die SVA hingegen freut sich inzwischen über die neuen Kunden, steht aber vor einem logistischen Problem: Mehr als 52 Millionen

Amerikaner, die derzeit keine Versicherung haben, müssen noch in dieser Woche persönlich in der SVA-Zentrale im fünften Wiener Gemeindebezirk zur Anmeldung vorstellig werden.

„Ich warte hier schon drei Stunden", seufzt die Amerikanerin Kim S. im Wartebereich der SVA. „Derzeit ist die Nummer 7 an der Reihe im Zimmer. Ich hab' Nummer 38.392.422 gezogen. Ob sich das heute noch ausgeht?"

Unmenschliche Reform

Dass Donald Trump unbescholtene amerikanische Staatsbürger wie Freiberufler behandeln will, sorgt auch bei der UNO für Entsetzen: „Kein Bürger eines demokratischen Landes sollte wie ein österreichischer Selbstständiger behandelt werden. Nicht einmal die Insassen von Guantánamo."

SVA-Obmann Christoph Leitl jedenfalls freut sich gegenüber der **TAGESPRESSE** auf die neue Aufgabe: „Wenn es darum geht, Leute mit einem undurchschaubaren bürokratischen System zu ruinieren, sind wir von der SVA natürlich gerne zur Stelle und helfen bei der Errichtung des internationalen Prekariats."

 73 410 Leser    11 399 Shares

> **Alexander R.**
> Auch das Risiko, exekutiert zu werden, ist bei der SVA weit, weit höher als in Guantánamo.

> **Harald A.**
> Seit wann ist man bei der SVA Kunde, werde behandelt wie ein Sklave!

21.03.2017

FBI-Ermittlungen: Russland beruft aus Protest Botschafter Donald Trump zurück nach Moskau

Russland hat genug von haltlosen Anschuldigungen, dass es auf die US-Wahl im Herbst Einfluss genommen hätte. Aus Protest beruft man jetzt sogar seinen Botschafter in Washington, Donald Trump, zurück nach Moskau.

Die Maßnahme erfolgt nur wenige Stunden, nachdem das FBI Ermittlungen bestätigte, in denen Verbindungen zwischen Russland und Trumps Kampagnenteam untersucht werden sollen.

Trumps Aufgaben als russischer Botschafter, wie etwa Russland zu repräsentieren, mit Diplomaten Kontakt zu halten und die USA von innen heraus zu zerstören, werden vorübergehend ruhend bleiben.

Beobachter sind sich einig: Die Beziehung zwischen den beiden Ländern leidet schon länger. Denn im Herbst wurde Botschafter Trump als erster russischer Diplomat überhaupt überraschend zum US-Präsidenten gewählt. Seither nutzte er seine hohe Stellung wiederholt, um in seinem Gastland mutwillig Chaos auszulösen.

Wahl nicht gefälscht

Wladimir Putin dementiert unterdessen erneut, dass Russland die US-Wahl manipuliert hat: „Das Ergebnis wurde nicht verfälscht, wir haben die Wahl ganz legal gewonnen. Unser Kandidat Donald Trump ist angetreten und hat die meisten Wahlmänner gewonnen. Ende der Geschichte."

Trump selbst scheint sich daheim schon gut eingelebt zu haben und schreibt seit seiner Rückkehr nach Russland nur mehr Tweets in seiner Muttersprache.

Alexander R.
Genau, er ist in wirklich in Nowaja Derewnja bei Kaliningrad geboren, als Kind eines ostpreußischen Vaters und einer russischen Mutter.

22.03.2017

Foto: JEFF MANGIONE / KURIER / PICTUREDESK.COM

„Es ist doch schon Wochenende": Häupl hat Uhr bereits gestern auf Sommerzeit umgestellt

Am kommenden Wochenende werden die Uhren auf Sommerzeit umgestellt. Doch da sich der Wiener Bürgermeister Michael Häupl schon seit Dienstagmittag im Wochenende befindet, hat er die Zeitumstellung bereits jetzt vorgenommen.

„Sodala, Burschen, Wochenende ist, da stellen wir doch mal die Uhren auf Sommerzeit um", lacht Michael Häupl und stellt gleich nach dem Frühstück alle Uhren um. „Jetzt ist es abends länger hell und wir haben eine Extrastunde Abendsonne!", freut sich der Bürgermeister. „Also zumindest erzählen mir das die Leute, die von draußen in den verrauchten Heurigenkeller reinkommen, wo ich meine Abende verbringe."

Häupl in eigener Zeitzone

Da Häupl schon nach der Sommerzeit lebt, befindet er sich derzeit in einer anderen Zeitzone als Restösterreich. Politexperte Filzmaier erklärt die Komplexität dieser Situation: „Häupl ist uns jetzt eine Stunde voraus, aber die SPÖ liegt generell 30 Jahre zurück. In Wahrheit ist Häupl also immer noch 29 Jahre, 364 Tage und 23 Stunden hinten."

Für den Bürgermeister selbst war die Zeitumstellung auch körperlich spürbar, wie er gegenüber der **TAGESPRESSE** erklärt: „Ich bin müde, mir ist schwindlig, schlecht, die Augen sind rot. Das muss wohl der Jetlag sein …"

Bürgermeister genießt Frühling
Michael Häupl will nun den Frühling genießen. „Ich mag die Jahreszeit, irgendwie bin ich ja selbst wie der Frühling", lacht Häupl. „Mein Gesicht schimmert in allen Farben, und überall wo ich hinkomme, löse ich Müdigkeit aus."

Der politische Herbst hingegen ist noch lange nicht in Sicht. Denn erst diese Woche hat der SPÖ-Politiker bekannt gegeben, dass er im Gegensatz zu Pröll oder Pühringer keine Ambitionen hat, abzutreten: „Ein Häupl lässt sich nicht sagen, wann Sperrstunde ist. Meine Bürgermeisterambitionen sind open end!"

 30 531 Leser    3771 Shares

> **David H.**
> Man bringe den Spritzwein.

22.03.2017

Regierung bietet Sobotka 1000 Euro für seine Rückkehr nach St. Pölten

Die Regierung bietet Innenminister Sobotka offiziell 1000 Euro an, um ihn zur freiwilligen Rückkehr nach St. Pölten zu bewegen. Diese ungewöhnliche Vorgehensweise wurde heute im Parlament beschlossen.

Finanzminister Hans Jörg Schelling ging mit einem Klingelbeutel durch die Abgeordnetenreihen. Immer wieder rief Schelling: „Keine Schillinge, keine Knöpfe, nur Euro!" Von der **TAGESPRESSE** auf die Kollekte angesprochen, sagte er: „Alle Integrationsbemühungen sind gescheitert. Herr Sobotka kommt aus einer sehr rückständigen Gegend. Der kulturelle Unterschied ist zu groß."

In Ungnade fiel der Innenminister mit seiner jüngsten Aktion, so Schelling: „Da stellt sich der auf den Praterstern und verspricht den ersten tausend Flüchtlingen 1000 Euro, wenn sie freiwillig in ihre Heimat zurückkehren. 1000 Euro! Um das Geld könnte sich eine arme Industriellenfamilie zwei warme Mahlzeiten leisten."

Auch die SPÖ steht hinter der Aktion. Bundeskanzler Kern meinte: „Zum Glück hab' ich heute meine Designerspendierhosen an."

Und wie reagiert der Betroffene? „Ehrlich gesagt, ich bin gerührt", sagte Wolfgang Sobotka in einer Aussendung. „Seit ich aus Niederösterreich weggegangen bin, hat mir niemand mehr so viel Geld anvertraut." Er sei bereit zu gehen, aber nur, wenn er mit dem Privatjet zurückfliegen darf.

St. Pölten nicht erfreut
Doch Experten zweifeln, ob eine baldige Rückführung möglich ist. Denn es gibt zwischen St. Pölten und Wien kein Rückführungsabkommen. Ein Sprecher der Niederösterreichischen Landesregierung stellt klar: „Der liegt unseren Steuerzahlern nur auf der Tasche, den wollen wir nicht mehr!"

 34 959 Leser   9794 Shares

> **Markus M.**
> Das kann die erfolgreichste Crowd-Funding-Aktion aller Zeiten werden. Österreicherinnen und Österreicher! Investiert in die Zukunft Österreichs, bezahlt Sobotka die Abschiebung nach St. Pölten!

> **Bernhard G.**
> Meines Wissens haben wir kein Rückführungsabkommen mit Wien … SSKM, hättet's halt g'schaut, wen's reinlasst's. Erst die Grenzen aufmachen und dann die Leut' wieder z'rückschicken wollen. Haumma scho gern, do kunnt jo a jeder kumma.

27.03.2017

Umfrage: 10 von 10 Österreichern geht Grünen-Streit „komplett am Oasch vorbei"

Eine aktuelle Umfrage zeigt eindrucksvoll, was Österreich vom Konflikt zwischen der Grünen-Parteispitze und den Jungen Grünen denkt: Zehn von zehn Menschen geht der Streit demnach „eher komplett am Oasch vorbei". Die Umfrage wurde von den Grünen in Auftrag gegeben.

Die Probanden der Umfrage konnten anhand einer Skala von „Ist mir sehr wichtig" bis „Ist mir egal" abstimmen. „In diesem speziellen Fall hat das aber nicht gereicht", sagt Meinungsforscher Peter Hajek. „Wir haben zum ersten Mal weitere Kategorien wie ‚Geht mir am Oasch vorbei' aktivieren müssen."

Auch Peter Pilz nahm an der Umfrage teil. „Ich war mir lange nicht sicher, was ich antworten soll", erzählt Pilz. „Ich bin geschwankt zwischen ‚Geht mir eher komplett am Oasch vorbei', ‚Interessiert mich Nüsse' und ‚Losst's mi onglahnt mit dem Schas'."

Pilz selbst habe zu Glawischnig trotz aller Differenzen nach wie vor ein ausgeglichenes Verhältnis: „Wir sind ein eingespieltes Team – sie respektiert mich, ich respektiere sie nicht."

Der öffentlich ausgetragene Streit könnte sich laut Meinungsforschern auch im nächsten Wahlergebnis niederschlagen: Laut aktuellen Umfragen rutschen die Grünen von derzeit zwölf Prozent ab auf sieben bis neun Wähler.

Glawischnig kündigt Maßnahmen an, um die Jungen Grünen zu disziplinieren. Sie will ihnen die Hasch-Vorräte und Hacky-Sacks auf unbestimmte Zeit wegnehmen.

 55 681 Leser  6966 Shares

Bernhard G.
Des is nur konsequent, immerhin haben die Grünen auch allgemein ein G'spür, welche Themen den Leuten grad am meisten am Oasch vorbeigehen …

Benedikt K.
Die Grünen sollten sich um ihre Kernaufgaben kümmern, wie Ampelpärchen, die Umbenennung des Heldenplatzes oder wie man einen geschlechtsneutralen Soldaten richtig anspricht …

28.03.2017

Sicherheitspanne: Wütender Pensionist dringt in ORF-Studio ein und bedroht Armin Wolf

Schwere Sicherheitspanne am Küniglberg: Ein wütender Pensionist drang gestern während einer ZIB-2-Sendung ins Studio ein und bedrohte Armin Wolf. Dieser konnte ihn erst nach 22 Minuten loswerden, ehe die Sendung fortgesetzt werden konnte.

Noch ist unklar, wie Erwin P. (70) aus Niederösterreich an der Security vorbei bis hinein ins Studio gelangen konnte, wo zu diesem Zeitpunkt gerade die „Zeit im Bild 2" live übertragen wurde. Vor laufender Kamera beschimpfte der Pensionist den ZIB-Anchorman ungehalten, machte paranoide Aussagen ohne jeden Zusammenhang und kündigte eine Beschwerde beim Chef von Armin Wolf an.

Kritik an Wolf
Wolfs Reaktion sorgt für Kritik. Denn anstatt Notarzt und Polizei zu rufen, provozierte er den augenscheinlich unzurechnungsfähigen Wut-Opa, indem er seine wirren Behauptungen infrage stellte – offenbar die falsche Strategie.

„Er wollte mir Dinge erklären, die nicht zu erklären sind", verteidigte sich Wolf gegenüber der **TAGESPRESSE**.

Polizei zu spät
Die Polizei traf erst drei Stunden nach dem Vorfall auf dem Küniglberg ein. „Wir haben einfach nicht raufgefunden zum ORF. Ich bin mir vorgekommen wie bei ‚Herr der Ringe' für Depperte, so ein Scheißhurensberg. Da krieg i solche Kabeln", sagt Einsatzleiter Leonhard A. und zeigt auf seine gefährlich pulsierende Halsschlagader.

In Zukunft soll die hauseigene ORF-Security aufgestockt werden. Sie besteht derzeit aus Herbert Prohaska und Andreas Goldberger.

 144 182 Leser   13 351 Shares

> **Manfred K.**
> Zuerst dachte ich, es handelt sich um Erwin den Großen aus Niederösterreich, dann sah ich, dass der Mann keinen Heiligenschein besaß. Die Ähnlichkeit ist verblüffend, aber ich habe oft die NÖN gelesen und „NÖ heute" gesehen und weiß daher, dass der Landesvater einen Heiligenschein hat!

> **Richard G.**
> Sicher so ein Reichsbürger, der die demokratische Ordnung nicht anerkennt …

30.03.2017

Nach Kritik: Grüne trennen sich von Wählern

Der seit Tagen andauernde Streit bei den Grünen hat heute mit einem Knalleffekt geendet: Nach dem Zwist mit der Parteiführung haben sich die Grünen endgültig von all ihren Wählern verabschiedet.

In einer kurzfristig einberufenen Pressekonferenz begründet Eva Glawischnig ihre Entscheidung: „Ich kann mit persönlicher Kritik an meiner Person umgehen, solange sie nicht über mich persönlich an meiner Person ist. Hier wurde eine Grenze überschritten." Als Konsequenz hat die Grünen-Chefin heute alle bisherigen 178 Wähler gebeten, sich eine neue politische Heimat zu suchen.

Neuanfang

„Oppositionspolitik gestalten heißt für mich, sich die Haare schön machen und ab und zu bei einer Podiumsdiskussion nickend am Buffet die Tofuspieße wegknabbern", zeigt sich Glawischnig zornig. „Wenn da auf einmal Leute daherkommen und glauben, sie müssten Themen und Argumente in die Partei einbringen, dann kann ich das nicht akzeptieren."

Dass die Grünen nun plötzlich komplett ohne Wähler dastehen, sieht der EU-Abgeordnete Michel Reimon sogar als Win-win-Situation: „Weniger Wähler heißt weniger politische Verantwortung, heißt mehr Zeit für mich zum Twittern."

Glawischnig bleibt hart
Vorwürfe, die Parteispitze würde jegliche Kritik der Basis unterdrücken und autoritär agieren, kontert die Parteichefin auf Twitter: „Das sind alles Fake News! Totally Fake! So sad!"

 85 057 Leser  11 015 Shares

> **Marco H.**
> WählerInnen, bitte die Genderpolitik beachten!

01.04.2017

Verrückter Aprilscherz: Satireblatt „Österreich" druckt heute nur wahre Artikel

Tag für Tag zaubert die Scherzpostille *Österreich* Tausenden Lesern mit ihren erfundenen Artikeln ein Schmunzeln ins Gesicht. Doch heute wird das Blatt wohl gehörig für Verwirrung sorgen. Denn anlässlich des 1. Aprils werden ausnahmsweise nur Artikel gedruckt, die voll und ganz der Wahrheit entsprechen.

Schon auf der Titelseite prangt eine Überschrift, die auf das ungeübte Auge wie Satire erscheinen muss: „Dieser Mann hat ein Ministeramt", steht dort unter einem Foto von Wolfgang Sobotka.

Gemischte Reaktionen

Viele Leser scheinen nicht zu bemerken, dass diese Meldung der Wahrheit entspricht: „Hahaha, wieder sehr witziger Artikel, hab' sehr gelacht", kommentiert eine Dame auf der Webseite. Manche äußern auch Kritik: „Damit geht ihr echt zu weit! Mit Sobotka macht man keine Witze! Ein Leser weniger", beschwert sich ein Herr.

„Test" für Leser

Österreich-Herausgeber Wolfgang Fellner erklärt die Aktion gegenüber der **TAGESPRESSE**: „Mittlerweile weiß ja schon jeder Pfosten im ganzen Land, dass bei uns jeden Tag 1. April ist. Aber wir wollten testen, ob unsere depperten Leser checken, wenn wir zur Abwechslung mal nur die Wahrheit schreiben."

Doch keine Sorge: Ab morgen bekommen die Leser dann wieder den gewohnten Schwachsinn serviert, verspricht Fellner. Man darf sich also auf weitere Wuchteln wie „Droht Weltuntergang durch mysteriösen Kometen?" oder „ISIS will Westen mit Zombie-Virus auslöschen" freuen.

 32 886 Leser    14 495 Shares

04.04.2017

Nach Bundesheer: Auch GIS-Kontrollore bekommen bessere Ausrüstung

Nachdem das Bundesheer letzte Woche moderne Waffen bekommen hat, dürfen sich jetzt auch GIS-Kontrollore über neue Ausrüstung freuen: Sie gehen ab sofort nur noch mit Sturmgewehr und Schutzweste auf ihre Streifzüge. Bei einem Lokalaugenschein zeigt sich: Die neue Ausrüstung bewährt sich bestens.

Wir begleiten Kontrollor Gerhard M. (56) bei seinem Einsatz. „Natürlich geht Sicherheit vor", erklärt er, während er sein Visier herunterklappt, um sich vor dem Türöffnungs-Sprengsatz zu schützen.

Nach einem lauten Knall arbeitet er sich vorsichtig von Raum zu Raum vor. Mit gezogener Waffe fragt er höflich, wie viele Empfangsgeräte es im Haushalt gibt. In letzter Sekunde will ein Bewohner noch einen Flachbildfernseher aus dem Fenster werfen. Doch der Kontrollor kann ihn durch zwei gezielte Schüsse in die Knie stoppen und ihm einen Erlagschein zustecken.

„Tatsächlich sind die ersten Tests sehr zufriedenstellend", befindet ORF-Chef Alexander Wrabetz. Auch er selbst erscheint nur noch mit Helm und Schutzweste im ORF-Zentrum, um sich vor Rainer Pariasek zu schützen.

TV-Spot

Parallel startet auch die neue Werbekampagne der GIS: „Hallo, ich bin's, dein Fernseher. Hände hoch, auf die Knie! Du hast das Recht zu zahlen."

Andere Branchen

Die Effektivität der Bewaffnung könnte sich auch in anderen Branchen durchsetzen: Amnesty International, Global 2000 und Greenpeace wollen nächste Woche testweise sämtliche Fundraiser auf der Mariahilfer Straße aufrüsten, damit diese mehr Spender von der Wichtigkeit ihres Anliegens überzeugen können.

 77 446 Leser  16 108 Shares

> **Franz D.**
> Na gut, dann rüste ich auch auf: Die Türmatte bekommt einen Hochspannungsanschluss. Die Türglocke wird mit einer Panzerfaust gekoppelt, die per WLAN ausgelöst wird. Der Flur bekommt als Sonderausstattung einen Wassergraben mit Piranhas und Krokodilen und als letztes Hindernis einen giftigen FPÖ-Wähler, der nach dem Visum fragt.

> **Lutz B.**
> Bundesheerausrüstung sollte allerdings nicht der Maßstab sein. Alles unterhalb der Ausrüstung der Navy SEALs oder der Green Berets ist völlig unangemessen.

05.04.2017

Vorbild Amazon: Post stellt gelbe Zettel künftig per Drohne zu

Alles neu heißt es bei der Österreichischen Post, die sich den Online-Versandhändler Amazon zum Vorbild nimmt: Die Post stellt alle gelben Zettel in Zukunft per Drohne zu. Diese sollen noch leiser arbeiten als ihre menschlichen Kollegen, so die Post. Auch wenn man zu Hause ist, soll man gar nicht merken, dass sie da war.

Vorbildlicher Kundenservice
Als besonderer Service kann die Drohne mit der Smartphone-App der Post auch umgeleitet werden, um sich den gelben Zettel per Zufallsgenerator entweder an den Arbeitsplatz, in ein fremdes Stiegenhaus oder an einen völlig unbekannten Menschen in der Nachbarschaft liefern zu lassen.

Programmierer der Post arbeiten sogar an einer weiteren Funktion, bei der die Drohne an der Tür klingelt und dann sofort wegfliegt, bevor man die Tür öffnen kann.

Gelbe Innovationsoffensive

Die Drohnen-Zustellung ist allerdings nur der Vorbote einer noch größeren Innovation. „Bald starten wir mit einer Neuerung, die das gesamte Briefwesen revolutionieren wird", berichtet Post-CEO Georg Pölzl. In Zukunft sollen Briefe mit der Post auch in digitaler Form – als sogenannte „E-Mail" – versendet werden können.

Dazu muss allerdings der Heimcomputer erst mit der Telegrafenleitung verbunden werden. Das Porto für einen elektronischen Brief (Inland) wird 11,97 Euro ausmachen und muss vor Versand in bar oder als Stempelmarke bei einer Postfiliale eingezahlt werden.

Die Zustellungszeit soll nur sensationelle 24 Stunden betragen, wenn der elektronische Brief bis 14 Uhr weggeschickt wird. Auch Einschreiben können getätigt werden – dazu muss nur der Computer zu einem Schalter gebracht und der Bildschirm von einer Drohne abgestempelt werden.

 30 048 Leser    4715 Shares

Christian S.
mir fehlen da ein paar wichtige informationen ... quad, hexa oder octo? motorisierung? 4s? 6s? mah? escs? 12 oder 14 zoll props? wird der gelbe zettel mit einem gimbal stabilisiert oder flattert er herum? sonarunterstützung oder nur baro? (nicht dass mir das ding den zettel zu fest vor die tür knallt) tarot automatic landing gear? oder muss ich das selbst bei lieferung ausklappen? redundanz? erfüllt es die klasse d? ...

Dominic E.
Ich glaub, DHL, DPD und GLS nutzen die Drohne jetzt schon.

INLAND | INTERNATIONAL | WIRTSCHAFT | CHRONIK

10.04.2017

Jung, motiviert, unkritisch: Grüne präsentieren JVP als neue Jugendorganisation

Endlich! Nach dem Ausschluss der Jungen Grünen haben die Grünen eine neue Jugendorganisation: die JVP. „Diese Menschen sind jung, motiviert und absolut unkritisch", begründet Parteichefin Eva Glawischnig die Entscheidung.

„Die Mitglieder der JVP sind formbar wie Wachs und haben keine Persönlichkeit. Genau das braucht unsere Partei jetzt", so Glawischnig.

„Ich habe dazu keine Meinung", kommentiert JVP-Chef Thomas G. (22) den politischen Kurswechsel seiner Organisation. „Mir wurde versprochen, dass ich beim nächsten Justizclubbing im Volksgarten einen VIP-Tisch bekomme, mehr wollte ich im Leben eigentlich nie erreichen."

Geilomobil mit Hybrid
Die JVP soll als neue grüne Parteijugend umgekrempelt werden. Die Mitglieder, die teils aus rückständigen Gegenden wie Niederösterreich kommen, erhalten erstmals Zugang zum Internet, das bei jungen Menschen immer beliebter wird.

Die Geilomobile sollen grünen Effektlack bekommen und auf Hybridantrieb umgestellt werden. Außerdem dürfen Frauen in der JVP ab sofort auch an internen Abstimmungen teilnehmen. Die beliebten Hexenverbrennungen der JVP Oberösterreich wird es nicht mehr geben.

„Hände falten, Goschen halten"
Das Motto der JVP („Hände falten, Goschen halten") soll dasselbe bleiben. „In der JVP wissen alle, dass es schlecht für die Karriere ist, sich gegen ihre Chefs aufzulehnen. Diesen Speichellecker-Spirit habe ich bei den Jungen Grünen schmerzlich vermisst", so Glawischnig.

 50 556 Leser  6866 Shares

> **Matthias R.**
> die hexenverbrennungen in oö – wie ich sie schmerzlich vermisse, seitdem ich in wien lebe.

> **Stefan G.**
> Internet? Nie davon gehört! Bin gespannt, ob sich das durchsetzt. Und bis es so weit ist, bleib ich bei Facebook!

13.04.2017

„Riesige Beidln sind bei uns immer willkommen": Lopatka holt Phallus-Statue in ÖVP-Klub

Der Streit um die Phallusstatue im oberösterreichischen Traunkirchen ist beigelegt: Der etwa zwei Meter große Riesenpenis wird während der Osterprozession niemanden stören, da er ab sofort im Parlament für den ÖVP-Klub tätig ist. Das gab Reinhold Lopatka heute Morgen bekannt.

Heimat gefunden
„Wir haben uns immer schon als politische Heimat riesiger Beidln gesehen und nehmen auch diesen oberösterreichischen Phallus gerne in unseren Reihen auf. Willkommen!", so Lopatka im Beisein der Statue. Der Quereinsteiger aus Traunkirchen ist nicht der Erste dieser Art.

Erst vor wenigen Monaten wurde mit dem Objekt „Sobotka" eine etwa 1,75 Meter große Phallusstatue aus Niederösterreich als Minister aufgenommen. Auch mit Marcus Franz und Christoph Vavrik wurden bereits einige gigantische Beidln in die ÖVP geholt.

Parteiarbeit beginnt
In der Volkspartei soll sich die Phallusstatue vorerst um Agenden im Bereich Wirtschaft kümmern. „Die Statue ist etwa 2000 Jahre alt und liegt damit deutlich unter dem Durchschnittsalter unserer dort eingesetzten Politiker. Sie wird sicher frischen Wind reinbringen", freut sich auch ÖVP-Chef Mitterlehner.

Eine erste Einschulung verlief positiv, wie ein Mitarbeiter der ÖVP berichtet: „Klar, irgendwie ist ihr Auftreten noch ein wenig steinern. Aber menschlich gesehen komm ich mit ihr besser zurecht als mit Lopatka."

Andere Parteien warten ab
Während der Koalitionspartner SPÖ den Quereinsteiger vorerst nicht kommentieren wollte, zeigen sich die Grünen kritisch: „Wo bleibt die Gleichberechtigung?", fragt Parteichefin Eva Glawischnig zornig. „Wenn die jetzt diesen riesigen Schwanz haben, wollen wir auch eine große Pussy haben." FPÖ-Mann Norbert Hofer jedoch hat einen Wechsel zu den Grünen dezidiert ausgeschlossen.

 68 515 Leser  9624 Shares

> **Sandra P.**
> Man könnte auch sagen, man freut sich über ein nettes Gesicht bei der ÖVP. Endlich steht in der Partei wer aufrecht und stramm. Bleibt zu hoffen, dass er nicht umfällt wie seine Kollegen.

> **Dominik R.**
> „Mitglied" ist hier wirklich ein passender Ausdruck. Und mit Sicherheit ist das neue Mitglied noch der kleinste Beidl im Klub.

16.04.2017

Osterwunder: Strache drei Tage nach Praterdome-Besuch wiederauferstanden

FPÖ-Chef HC Strache war nach einem Abend im Praterdome drei Tage lang verschollen. Jetzt ist er am Ostersonntag offenbar von den Alkoholleichen auferstanden. FPÖ-Wähler sprechen von einem Osterwunder.

„Der Abend im Dome war mörderisch. Der Strache ist so nett in echt. Er hat mein Wasser einfach in ein Wodka Bull verwandelt", sagt Chiara (22). Sie hat am Freitag mit Strache gefeiert und ist fassungslos, dass er sich in den nächsten drei Tagen nicht mehr bei ihr gemeldet hat.

Stigmata an Händen
Johann Gudenus hat heute das leere Schlafzimmer vorgefunden, in das sich Strache zurückgezogen hatte, um seinen Rausch auszuschlafen. Strache ist offenbar zurück in seinem Büro und zeigt seinen Jüngern rote Flecken auf seinen Händen. Es handelt sich dabei laut Historikern um die Eintrittsstempel des Praterdomes – ein weiteres Indiz für das Osterwunder.

Leeres Schlafzimmer

Die Satin-Bettwäsche, in die Strache in den vergangenen drei Tagen eigewickelt war, soll nun neben dem Leichentuch von Jesus Christus ausgestellt werden.

Herbert Kickl hat den Vorfall bereits genutzt, um den Slogan der FPÖ-Kampagne für die Nationalratswahl zu präsentieren: „Lieber auferstanden von den Toten als bei den Grünen oder Roten."

 89 180 Leser  10 556 Shares

> **Aylin D.**
> er hat's mit botox und koks einfach zu sehr übertrieben.

16.04.2017

Religiöser Fanatiker ruft in Rom Gottesstaat aus

Zu einem Zwischenfall ist es heute bei den Osterfeierlichkeiten in Rom gekommen: Ein religiöser Fanatiker ist in den Petersdom eingedrungen und hat vom Balkon des Gebäudes aus einen Gottesstaat ausgerufen. Augenzeugen wollen dabei die Worte „Urbi et Orbi" vernommen haben, was übersetzt so viel wie „Allahu Akbar" heißt.

Laut Polizei verfügt der Täter über eine gut ausgebildete Miliz aus Deserteuren der Schweizer Armee. So ist es ihm gelungen, innerhalb von wenigen Minuten ein Territorium von einem halben Quadratkilometer einzunehmen.

Der Fanatiker hat es außerdem geschafft, innerhalb kurzer Zeit Tausende Anhänger für seine Ideologie zu begeistern. Viele jubelten ihm fanatisch zu. Einige sind offenbar aus großer Entfernung angereist, um die Machtergreifung live mitzuerleben.

Großer Zulauf
Wie es dem Fanatiker gelungen ist, mit über 2000 Jahre alten Ideen so viele Menschen zu radikalisieren, ist unklar. „Homophobie, Diskriminierung der Frau und ein autoritäres Staats-

verständnis sind offenbar attraktiv für verunsicherte Spätpubertierende. Wie sonst ist es erklärbar, dass Organisationen wie der Islamische Staat oder die JVP in letzter Zeit einen so großen Zulauf erfahren?", erklärt Politologe Peter Filzmaier das Phänomen. „So einen gefährlichen Personenkult gab es bis jetzt nur in Niederösterreich und bei Apple-Anhängern."

Falscher Name
Über die Identität des Fundamentalisten ist zur Stunde noch nichts bekannt. Gerüchten zufolge soll er sich unter dem falschen Namen „Franziskus" bereits seit Jahren in Italien aufhalten.

 43 923 Leser  3979 Shares

> **Gerhard F.**
> Ist das nicht der Spinner, der fast ganz Österreich mit sogenannten „Kirchenbeiträgen" abzockt?

> **Helga L.**
> Ich dachte, urbi@orbi sei die E-Mail-Adresse des Gottesstaates. So kann man sich irren.

17.04.2017

„Zeichen für starke Demokratie": Erdoğan freut sich über 116 % Wahlbeteiligung bei Referendum

Als „Zeichen der Begeisterung der Türken für die Demokratie" hat Präsident Erdoğan das Ergebnis des gestrigen Referendums bezeichnet. Er freute sich vor allem über die hohe Wahlbeteiligung. Über 116 Prozent aller Türken sind laut Angaben der türkischen Wahlbehörde zu den Urnen gegangen.

„Das türkische Volk hat gezeigt, dass es selbstständig entscheiden kann, künftig nichts mehr entscheiden zu können", so Erdoğan in einer ersten Stellungnahme. Sämtlichen Kritikern und Mathematikern, die an der Echtheit des Ergebnisses zweifeln, wirft er vor, „Gülen-Anhänger, Nazis und Terroristen" zu sein.

Märkte nervös

Die Wirtschaft leidet unterdessen bereits unter den Folgen des Referendums. Die Kurse an den Istanbuler Basaren sind eingebrochen, kurzfristig wurden Döner sogar für unter zwei Lira gehandelt.

Bestürzung

Dramatische Szenen spielten sich auch im Standard-Forum ab. Tausende Nutzer zeigten sich überrascht und bestürzt, dass ihre Plädoyers für eine demokratische Türkei offenbar ungehört blieben und von Erdoğan ignoriert wurden.

Schockiert reagierte hingegen die FPÖ auf das Ergebnis des Referendums. „Autoritäre Tendenzen, Inhaftierung der Opposition und Einschränkung der Pressefreiheit lehne ich entschieden ab. Damit will ich nichts zu tun haben", so Parteichef Strache auf einem Galadiner, das er gemeinsam mit Viktor Orbán auf Einladung des russischen Präsidenten Putin besuchte.

Über die Korrektheit des Referendums sollen nun sämtliche sich noch auf freiem Fuß befindlichen türkischen Richter entscheiden. Da die beiden jedoch aktuell auf Urlaub sind, ist mit einer Entscheidung nicht vor 2020 zu rechnen.

 93 261 Leser   21 358 Shares

> **Jonathan S.**
> Alle, die mit „Nein" gestimmt haben, mögen sich bitte mit Anschrift und Name postalisch in Ankara melden, es geht nur um einige Formalitäten.

> **Henry H.**
> getürkte wahlen in der türkei? sicher nicht. maximal wurde der zugang zur wahlurne etwas selektiv erschwert.

17.04.2017

Integration gelungen: Mehrheit der Austro-Türken stimmt für starken Führer

Sage und schreibe 73 Prozent der in Österreich lebenden Türken stimmten beim Verfassungsreferendum mit „Ja". Damit entschieden sie sich klar für einen starken Führer an der Spitze des Staates.

Integrationsexperten jubeln über dieses Ergebnis: Offenbar haben sie sich perfekt in Österreich eingelebt. Denn hierzulande wird der Wunsch nach einem „starken Mann" als jahrhundertealte Tradition hochgehalten.

„Eine Mehrheit der hier lebenden Türken hat für ein nationalistisches Staatsoberhaupt gestimmt, das gegen Kritiker vorgeht, Journalisten verachtet und den Demokratie-Begriff pervertiert", so Integrationsexperte Manfred Eigner. „Letzten Dezember haben ebenfalls 48 Prozent der Österreicher für Norbert Hofer gestimmt."

Lokalaugenschein
Handelt es sich bei den Berichten von Integrationsproblemen also nur um Märchen? Bei einem Lokalaugenschein in Wien offenbart sich ein diffuses Bild. „Die Türken bei uns dürfen also

entscheiden, dass ihre Verwandten daheim ab sofort in einer Diktatur leben", meint eine ältere Dame. „Und was ist mit unsereins? Wir müssen weiterhin in einer Demokratie leben. Scheiß Regierung!"

Ob Erdoğan nach seinem Sieg Zeit hat, sich über diese positive Entwicklung zu freuen, bleibt unklar. Vor zwanzig Jahren meinte er noch: „Die Demokratie ist nur der Zug, auf den wir aufspringen, bis wir am Ziel sind." Experten zufolge ist der Zug gestern angekommen.

 60 099 Leser  5435 Shares

> **Simon W.**
> Hat der Felix Baumgartner schon sein Wohlgefallen über die Einführung dieser „gemäßigten Diktatur" kundgetan?

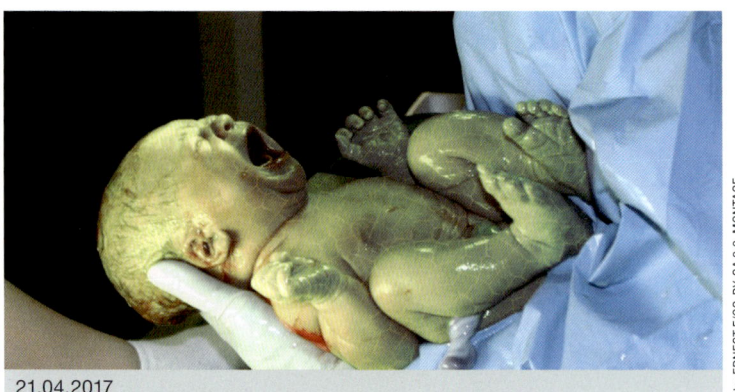

21.04.2017

Kein Fleisch, kein Blut: Erstes veganes Baby in Wien-Neubau geboren

Ärzte aus Wien-Neubau melden eine medizinische Sensation: In einer Hipsterfamilie wurde heute das erste vegane Baby der Welt geboren. Dieses besteht nicht aus Fleisch und Blut, sondern ausschließlich aus Tofu und Smoothies.

„Der Körper des Kindes besteht ausschließlich aus pflanzlichem Gewebe", erklärt Dr. Ruth Strombauer kurz nach der Hausgeburt auf dem Tischfußballtisch eines Coworking Space im siebten Wiener Gemeindebezirk. „Außerdem fließt in den Adern kein Blut, sondern eine Art Spirulina-Smoothie."

Da sich die Eltern seit Jahren vegan ernähren, habe der Körper der Mutter wegen der Abneigung gegenüber Tierprodukten die DNA von sich aus verändert und ein veganes Kind geboren.

Glückliche Eltern

Das Baby kam kerngesund zur Welt. „Das ist super, aber auch ein wenig schade", zeigt sich der Vater enttäuscht. „Ein paar Allergien und Unverträglichkeiten wären schön gewesen, damit man beim Small Talk leichter mit Leuten ins Gespräch kommt."

Das Baby wird vorerst nicht getauft und soll auch keinen Namen bekommen. „Wir wollen, dass sich unser Kind später selbst entscheidet, welche Religion und welches Geschlecht es haben will. Wir werden unserem Kind keine Grenzen auferlegen!", zeigt sich der Vater stolz, während er dem Baby das Milchfläschchen entreißt, welches das Kind instinktiv an sich genommen hat.

Evolution reagiert
Während die Eltern überglücklich sind, ist zu bezweifeln, ob die Zuneigung auf Gegenseitigkeit beruht. Eine Krankenschwester berichtet unter vorgehaltener Hand, das Baby habe beim Anblick seiner Eltern versucht, selbst in die Babyklappe zu krabbeln.

In Österreich war das vegane Baby übrigens nicht das erste Neugeborene, das Mutter Natur an die Verhaltensweisen der Eltern angepasst hat, wie ein Mediziner erklärt: „In Döbling haben wir schon Kinder beobachtet, denen keine Milchzähne mehr wachsen, sondern Goldzähne."

In Floridsdorf hingegen werden immer mehr Kinder geboren, die bereits unmittelbar nach der Geburt zum Überleben nicht die Mutterbrust verlangen, sondern gleich die Mindestsicherung.

 308 331 Leser   28 904 Shares

Hoschi I.
Es hat schon seinen Grund, warum es „dahinvegetieren" und nicht „dahinschnitzeln" heißt.

Eva S.
Also ich bin veganisch, und wenn es das vor ein paar Jahren schon gegeben hätte, wäre meine Entscheidung eindeutig auf dieses vegane Modell gefallen. Stattdessen hab' ich einfach so einen rosaroten Fleischklumpen bekommen, der jahrelang meine Milch ausgesaugt hat, was so was von unvegan ist.

22.04.2017

Nächster PR-Coup nach Pizza: Kern ist einen Tag lang GIS-Kontrollor

Ein Kanzler zum Anfassen! Nachdem er bereits als Pizza-Lieferant für Aufregung sorgte, schlüpft Christian Kern jetzt für einen Tag in die Rolle eines GIS-Kontrollors und stattet mehreren Menschen unerwartete Besuche ab.

Bei den Wählern
„Ich hab' beim Pizza-Ausliefern gemerkt, ich bin gern bei den Wählern", meint Kern. „Aber weil ja nie jemand von euch zu mir kommt, dachte ich mir, ich komm einfach mal zu euch", sagt er lachend, während er sich GIS-Ausweis, Pfefferspray und einen Schlagring einsteckt.

Am frühen Nachmittag läutet er bei einer Studenten-WG in Wien-Fünfhaus. Eine Studentin macht im Pyjama auf. „Na, hamma an Fernseher daham? Das kostet 316 Euro!", ruft Kern. Die Studentin ist über den Kanzler-Besuch sichtlich überrascht: „Oida, ich pack's voll ned. So ein Scheiß."

Noch an der Tür kommt er mit der Studentin ins Gespräch und leiht ihr ein Ohr für ihre Sorgen und Ängste: „Hast a Problem?", fragt er, während er sich den Schlagring überstreift.

Viele Erkenntnisse

„Das war ein wirklich guter Tag für mich", resümiert Kern am Ende seiner Schicht. „GIS-Kontrollor ist echt ein harter Job. Und die Leut' sind irgendwie nicht so freundlich, wie wenn ich ihnen Pizza bringe. Und Trinkgeld gab's auch keines." Künftig will er sich daher an seinem Vorgänger Werner Faymann orientieren und Taxi fahren.

Zensur?

Im Gegensatz zum Pizza-Video werden die Aufnahmen von Kerns GIS-Kontrollen jedoch niemals das Licht der Öffentlichkeit erblicken, bestätigt man aus der SPÖ. Denn das Video wurde von Facebook nach dem Upload aus unerfindlichen Gründen wegen „Verherrlichung von organisierter Kriminalität" gelöscht.

 51 190 Leser 11 206 Shares

> **Matthias R.**
> Meiner Information nach wurden die Aufnahmen dieser Aktion gelöscht – bzw. gar nicht erst veröffentlicht –, weil alle besuchten BürgerInnen unisono zu Protokoll gaben: „Damit i mir des Programm vom ORF anschau, muaß der MICH zahln."

25.04.2017

Foto: TAGESPRESSE

Roboter erst der Anfang: 70% aller Beamten könnten durch Steine ersetzt werden

Schon bald werden Roboter in Fabriken eine große Zahl aller Arbeitskräfte ersetzen. Doch auch andere Jobs könnten wackeln: Forscher haben berechnet, dass die Arbeit von Beamten in den meisten Fällen auch von Steinen erledigt werden kann.

Studie veröffentlicht
Lange Zeit galt Beamter als krisensicherer Job. Doch das könnte sich bald ändern. „In einem Pilotversuch haben wir von der Bezirkshauptmannschaft in Gänserndorf bis zum Meldeamt in Bludenz quer durch ganz Österreich Beamte für eine Woche durch diverse etwa faustgroße Steine ersetzt", erklärt Prof. Alois Mayr. „Das Ergebnis: Die Produktivität blieb genau gleich, die Stimmung im Büro hat sich sogar verbessert."

Geschichte wiederholt sich
Die Betroffenen selbst sehen die Entwicklung mit Sorge. „Also ich arbeite am Verkehrsamt in Wien", erzählt der Beamte Ludwig Z.

„Ich bin jetzt 33 und stehe kurz vor der Pension. Mich trifft das nicht mehr, aber die junge Generation wird leiden."

Kritik, dass in den Amtsstuben Entwicklungen oft verschlafen wurden, lässt der Leiter des Magistrats in Wien-Meidling nicht gelten: „Sehen Sie sich um! Alles modern! Wir verwenden nur die allerneuesten Faxgeräte und High-End-Schreibmaschinen!"

Lösung für Beamte in Sichtweite

In der Regierung arbeitet man bereits mit Hochdruck daran, um mit den kommenden Entlassungen umzugehen. „Einige Beamte könnten in den Bildungsbereich wechseln und in der Schule als schlechtes Beispiel arbeiten", erzählt ein zuständiger Sachbearbeiter.

„Für den Rest haben wir auch eine Lösung: Jobrotation! Die Steine werden am Amt eingesetzt, dafür wechseln die Beamten in den Wald und werden als Steine eingesetzt."

 112 580 Leser  26 247 Shares

Johannes S.
wird dann vorlage für viele großartige filme: rocky I, rocky II, rocky III, rocky IV, rocky V

Werner T.
Welcher Stein könnte die anderen 30 % nicht ersetzen? A Nierenstein is fleißiger!!!

26.04.2017

Tiefster Abgrund der Erde: Forscher wagt sich erstmals ins „Krone"-Forum

Zahlreiche Mythen und Erzählungen ranken sich um den tiefsten Abgrund der Erde, doch nur wenig ist davon tatsächlich bekannt. Jetzt wagt sich erstmals ein Forscher ins *Krone*-Forum vor, um die lebensfeindliche Region wissenschaftlich zu untersuchen. Kollegen bezeichnen die Aktion als „todesmutig" und „selbstmörderisch".

„Ich habe mich bestens vorbereitet", erklärt Prof. Dietmar Holzinger, während er sich einen Strahlenschutzanzug überstreift und sich als „Stimmedesfolkes11" im Forum registriert. „Um meinen Körper an die Ausdünstungen der dortigen Troll-Population zu gewöhnen, habe ich die letzten zwölf Monate in einer Kläranlage verbracht", erzählt er.

Einem normalen Menschen würden diese Ausdünstungen binnen weniger Sekunden sämtliche Gehirnzellen wegätzen.

Abstieg
Dann geht es los: Mit zitternder Hand klickt Holzinger einen Artikel über Van der Bellens „Kopftuch-Sager" an. Nur unter großen Schmerzen kann er seine Aufzeichnungen in einem Notizblock

festhalten. Dennoch arbeitet sich der Forscher Seite für Seite durch alle 557 Kommentare.

Schock
Doch gegen Redaktionsschluss kommt es zum Drama: Holzinger kollabiert und wird von einem Notarzt für hirntot erklärt. Die Feuerwehr muss ihn aus der gefährlichen Region bergen. Am geöffneten Bildschirm finden Ermittler einen Artikel von Richard Schmitt, dem gefährlichsten der Wissenschaft bekannten Troll. Holzinger hat sich offenbar schwer übernommen.

Holzingers Kollegen wollen jetzt seinen Notizblock analysieren, weil sie sich daraus wertvolle Erkenntnisse über das bisher gänzlich unerforschte Forum erhoffen. Es scheint also, als hätte Holzinger sein Leben nicht völlig umsonst gegeben.

 65 419 Leser    8228 Shares

Patrick B.
Trotz aller Vorkehrungen ein völlig verantwortungsloses Experiment!

Michaela H.
Dort ist der lebende Beweis, dass Gehirnversagen nicht unmittelbar zum Tod führt …

27.04.2017

Zeichen der Solidarität: Van der Bellen hilft bei Koranverteilung auf Mahü

Trotz großer Aufregung und Kritik an seinem „Kopftuch-Sager" lässt sich Alexander Van der Bellen nicht beirren. Er geht sogar selbst mit gutem Beispiel voran, wie er gestern vor Medienvertretern mit einer spontanen Solidaritätsaktion unter Beweis stellte, als er in Wien bei einer Koranverteilung mithalf.

Von einer Polizeieskorte begleitet, trifft Österreichs Staatsoberhaupt um zehn Uhr vormittags auf seinem schwarzen Präsidentschafts-Lastenrad, beladen mit einem Umzugskarton voller Korane, auf der Wiener Mariahilfer Straße ein.

Im Medienrummel stellt er sich zu drei Salafisten, die bereits hinter einem Stand mit der Aufschrift „Lies!" stehen, und setzt sich eine weiße Häkelkappe auf: „Fesch, nicht? Die hat mir der DJ Ötzi im Wahlkampf geschenkt", grinst er gut gelaunt in die Kameras. Auch einen Bart will er sich wachsen lassen.

Sogleich drückt er einem vorbeilaufenden Punk einen Koran in die Hand, was dieser jedoch charmant ablehnt: „A Buach? An Tschick wollt i hobn, du Wappla!" Auch ein amerikanischer Tourist winkt empört ab: „Lies! Who wants to read a book full of lies?", fragt dieser verdutzt in die Menge.

Prominenter Gast

Unter den Anwesenden ist auch Grünen-Chefin Eva Glawischnig, die dem medialen Solidaritätsaufruf ihres Vorgängers bereits Folge geleistet hat und mit Kopftuch angereist ist. „Ein Erbstück von meiner Oma, die hat das auch immer getragen", informiert sie die anwesenden Journalisten, während sie unter Blitzlichtgewitter ihren Koran entgegennimmt. Ein Handschlag wird ihr von Van der Bellen aus Solidarität allerdings verweigert.

Heikler Zwischenfall

Gegen Mittag dann plötzlich ein Schockmoment: Als Van der Bellen hartnäckig darauf besteht, die Salafisten aus Solidarität mit allen übergewichtigen Österreichern auf ein Schweinsschnitzel und drei Bier einzuladen, kommt es zu einem heftigen Streit. Bevor dieser eskaliert, können Sicherheitsleute den Präsidenten gerade noch in einen schützenden Gebetsteppich einwickeln und in den Wagen zerren.

„Ich versteh' das nicht, das war doch nur halbironisch gemeint", meint dieser danach aufgeregt, während er sich mit zitternden Händen eine Shisha anheizt.

 92 313 Leser   24 226 Shares

Lutz B.
Todesmutig wäre er, wenn er Bibeln in Riad verteilen würde.

Anna S.
Du meinst Riad in Oberösterreich?

03.05.2017

Gesamtes Budget verwendet: Rapid verpflichtet Ronaldo für drei Minuten

Sensationstransfer in der Bundesliga! Um den Abstieg zu verhindern, investiert Rapid in letzter Minute das gesamte Budget für diese Saison. Für 29 Millionen Euro verpflichtet der Traditionsverein aus Wien ab sofort Cristiano Ronaldo für drei Minuten.

Euphorie in Hütteldorf
„Wir sind stolz, dass die Rapid-Familie um ein weiteres Mitglied gewachsen ist", freut sich Präsident Michael Krammer und hält ein grün-weißes Dress mit dem Aufdruck „Ronaldo" in die Kamera. „Ein Stürmer mit seiner Qualität hat natürlich seinen Preis. Die gesamte Saison konnten wir uns nicht leisten, aber wir haben jetzt 29 Millionen Euro investiert und ihn für die nächsten drei Minuten verpflichtet."

Superstar voller Vorfreude
Cristiano Ronaldo zeigt sich zuversichtlich, den Hütteldorfern im Abstiegskampf helfen zu können: „Das schaff' ich schon. Ein Bundesliga-Spiel in Österreich ist vom Niveau in etwa so wie das lockere Auslaufen nach einem Trainingsspiel in Spanien."

Von der Mannschaft aus Hütteldorf hat der Portugiese schon viel gehört, wie er der Presse verrät: „Natürlich kenne ich Rapid Wien aus dem Fernsehen, aus diversen Sendungen wie ‚World's Funniest Sport Bloopers' oder ‚Die 100 irrsten Sportpannen der Menschheitsgeschichte'."

Rapid-Trainer Djuricin hofft, dass seine Spieler von den Fähigkeiten des Superstars profitieren können: „Ich bin sicher, dass der Cristiano meinen Burschen viel Neues lernen kann, das sie bisher am Platz noch nicht umsetzen konnten, wie Freistöße schießen, geradeaus laufen und sich selbst die Schuhbänder zubinden."

Ronaldo spielt von Madrid aus
Wie jetzt bekannt wurde, hat der Transfer jedoch auch einen kleinen Haken: Ronaldo kann leider nicht persönlich in Wien anwesend sein und wird von einem Fußballplatz in Madrid aus spielen. Als Hindernis sieht er das jedoch nicht: „Ich werd' von Spanien aus die Freistöße bis nach Wien schießen und kann versprechen, da wird der eine oder andere reingehen."

 107 955 Leser 16 072 Shares

Thomas P.
Selbst bei aller Satire und Humor … Nicht einmal CR7 könnte mit dem Sauhaufen etwas anfangen … Tore schießt er erst in der vierten Minute. Die ersten drei braucht er zum Herrichten seiner Frisur …

Thaddäus R.
Gerüchteweise gibt es auch schon Anfragen aus Deutschland von 1860, HSV und Wolfsburg. Ganz Barcelona drückt den Hamburgern die Daumen, dass sie auch einen Zuschlag für 3 Minuten mit Ronaldo bekommen. Denn absolut jeder, der ein HSV-Trikot anzieht, verlernt innerhalb von 2 Minuten das Fußballspielen!

08.05.2017

Kennt Unterschied zwischen links und rechts nicht: Ist DAS Österreichs dümmster Maturant?

Österreichs Bildungssystem steht einmal mehr am Pranger. Denn mehrere Medien berichten derzeit von einem Maturanten, der nicht zwischen links und rechts unterscheiden kann. Die Öffentlichkeit ist entsetzt, die Bildungsministerin schweigt. Doch was ist an der Geschichte wirklich dran? DIE **TAGESPRESSE** begibt sich auf Spurensuche nach dem vielleicht dümmsten Maturanten Österreichs.

Gratulation an @EmmanuelMacron zum Wahlsieg-linke Politik wurde klar abgewählt. Wichtig,dass #Frankreich nun umfassende Reformen angeht.1/2

RETWEETS	GEFÄLLT
71	222

20:03 - 7. Mai 2017

Schockierender Screenshot

„Gratulation an Macron – linke Politik wurde klar abgewählt!",
schreibt Sebastian K. unter seinem Klarnamen auf Twitter. Wie
kann es sein, dass der Wiener Maturant Emmanuel Macron für
rechts hält, obwohl dieser Teil der Regierung von Hollande war?
Experten sehen den Beleg: Die Gesellschaft hat bei Sebastian K.
versagt.

Schwierige Jugend
K.s Biografie liest sich wie eine Anklage an das Bildungssystem:
Nach der Matura im Problembezirk Wien-Meidling bricht er sein
Studium ab und schließt sich der Jugendgang „JVP" an. Am Arbeitsmarkt wäre er heute wohl schwer vermittelbar. Doch Sebastian K. hat es sich offenbar in der sozialen Hängematte gemütlich
gemacht und genießt seit einigen Jahren einen Posten als hoher
Beamter.

Ruf nach Reformen
„Wie viele Sebastian K.s müssen noch aus unseren Schulen kommen, bis das Bildungsministerium reagiert?", kritisiert jetzt die
Volksanwaltschaft und fordert weitreichende Reformen. Sogar
die Lehrergewerkschaft zeigt sich erschüttert über den Fall. Gewerkschaftsboss Paul Kimberger meint gegenüber der **TAGES-
PRESSE**: „Nein nein nein, nein nein nein nein! Nein, nein nein –
nein nein – nein, nein. Nein nein? Nein."

Auch wenn es für Sebastian K. zu spät ist: Sein tragisches
Schicksal könnte die Politik aufrütteln. Damit hat die Geschichte
vielleicht auch eine positive Seite. Es bleibt zu hoffen, dass Sebastian K. sich doch noch einmal zusammenreißt und sein Leben
wieder auf die richtige Bahn bringt.

 109 721 Leser   8270 Shares

> **Philipp G.**
> Da ist die Bildung wohl zu Kurz geraten.

09.05.2017

Mit Kern verwechselt: Sobotka beschimpft stundenlang Schaufensterpuppe in Designeranzug

Wolfgang Sobotka sorgt wieder für Aufsehen: Nachdem er Christian Kern in einem Interview „Versagen als Kanzler" vorgeworfen hatte, beleidigte er ihn heute Vormittag scheinbar persönlich. Erst nach Stunden bemerkte er jedoch, dass es sich nicht um Kern handelte, sondern nur um eine Schaufensterpuppe in einem Armani-Anzug.

„Wir haben hier immer wieder Depperte, die mit unseren Schaufensterpuppen diskutieren, aber der Patient mit der Glatze hat anscheinend eine Vorteilscard auf der Baumgartner Höhe", sagt Security-Mitarbeiter Jörg S., der Sobotka bis zum Eintreffen der Polizei am Boden fixierte.

Sobotka befindet sich mittlerweile auf freiem Fuß. Bis auf Weiteres muss er jedoch gemäß einstweiliger Verfügung einen 200-Meter-Abstand zu Schaufensterpuppen einhalten.

Harte Sanktionen
ÖVP-Chef Reinhold Mitterlehner kündigt Konsequenzen für Sobotkas wiederholte Entgleisungen an. Der Innenminister darf

ab sofort nur mehr zehn Stunden täglich mit Erwin Pröll auf WhatsApp chatten und auf Snapchat Dick Pics von ihren Köpfen austauschen. Sollte sich Sobotka erneut über Mitterlehners Anweisungen hinwegsetzen, droht Mitterlehner, bis zur Wahl 2018 nicht zurückzutreten.

Sobotka kontert
Sobotka sieht sein Fehlverhalten nicht ein und droht mit weiteren Schritten: „Wenn alle Beleidigungen und Untergriffe nichts helfen, werde ich Kern zeigen, warum wir die Parteifarbe Schwarz haben, und ihm vor die Haustüre scheißen."

 63 769 Leser  6848 Shares

> **Gerald D.**
> Ist ja auch verständlich: Die Schaufensterpuppe ist ja genauso produktiv wie der Kanzler ... ausgenommen vielleicht dessen Produktionskapazitäten an heißer Luft.

> **Rainer H.**
> Sobotka ist ein richtiger Sympathieträger, der durch seine Soft Skills bezüglich Diplomatie und lösungsorientiertem, konstruktiven Konfliktmanagement hervorsticht.

10.05.2017

Endlich frei: Mann gelingt Flucht aus Irrenhaus

Jahrelang war der Oberösterreicher Reinhold M. irrtümlich in einem Wiener Irrenhaus gefangen. Doch heute Mittag gelang ihm endlich die spektakuläre Flucht. Der schwer traumatisierte Mann soll nun langsam resozialisiert werden.

Es waren Bilder, wie man sie zuletzt nur nach der Flucht von Natascha Kampusch zu sehen bekam: Ein traumatisierter Mann steht live im ORF vor TV-Kameras und berichtet, dass er jahrelang in einem Irrenhaus gefangen war.

Horror

Vor Medienvertretern berichtet der traumatisierte Mann von jahrelangem Psychoterror. „Wo und was genau es war, kann ich gar nicht sagen", erzählt Reinhold M. „Alles war schwarz. So pechschwarz. Ich habe am Ende nichts mehr gesehen. Es muss das ultimative Böse gewesen sein."

„Unberechenbare und aggressive Mitpatienten wie der Wolfgang und der ‚Sozifresser', wie wir den Reinhold L. genannt haben, haben mir schwer zu schaffen gemacht." Doch am Ende war es vor allem ein Insasse, der ausschlaggebend für die Flucht war:

„Dieser Junge, dieser Basti, der ist der Schlimmste. Er ist schizophren und hat zwei Persönlichkeiten: Die eine ist ein Döblinger Schnösel, die andere ein rechtsextremer Skinhead aus Meidling."

Aus dem Irrenhaus lag bis Redaktionsschluss keine Stellungnahme vor. Die Polizei versucht unterdessen herauszufinden, wo sich die Zentrale der Anstalt befindet. Diese wird um St. Pölten vermutet.

 130 708 Leser 19 177 Shares

> **Verena R.**
> Superschnelle Reaktion der Redaktion – das nennt sich guter Journalismus!

> **Christoph D.**
> Django Unchained!

10.05.2017

ATV startet neues Format „Teenager werden ÖVP-Chef"

Nur kurz nach Reinhold Mitterlehners Rücktritt kündigt ATV ein neues Reality-Format an: In „Teenager werden ÖVP-Chef" begleitet ein Kamerateam die Abenteuer von Basti Kurz als übermütiger Anführer einer chaotischen Rowdybande.

Der ATV-Chef zeigt sich begeistert vom neuen Format: „Bisher haben wir nur aus heruntergekommenen Gemeindebauten und Ostblock-Bordellen berichtet. Aber mit der ÖVP sinken wir jetzt noch eine Stufe tiefer." Die Zuseher dürften sich auf erstklassiges Trash-TV ohne jeden Inhalt, dafür mit viel Zoff und Streitereien freuen.

Schon die erste Folge steckt voller Zündstoff, denn Protagonist Basti gilt als Problemkind. Während andere in seinem Alter fertig studieren, zieht Basti lieber gemeinsam mit den vom Leben enttäuschten Rowdys Reinhold Lopatka und Wolfgang Sobotka um die Häuser. „Ich sag mal so: Wer bei drei nicht auf den Bäumen ist, dem entziehen wir die Mindestsicherung!", grinst Basti.

„Teenager werden ÖVP-Chef" wird laut ATV vorerst für eine halbe Episode abgedreht. Sollte sich Kurz wider Erwarten länger als zwölf Tage als ÖVP-Chef halten – womit ihm ein Eintrag im Buch der Rekorde sicher wäre –, könnte die Sendung auch verlängert werden.

Bei Quotenerfolg plant ATV bereits eine zweite Staffel. Unter dem Titel „Austria's Next Top-Dollfuß" wird Kurz dann mit einem Kamerateam bei seiner Arbeit als Kanzler begleitet.

 74 168 Leser    12 231 Shares

> **Lutz B.**
> Hoffentlich wird er nicht ÖVP-Chef. Dann ist seine Karriere ja sonst schon mit 33 Lebensjahren vorbei.

11.05.2017

Nach Mitterlehner-Kritik: Wolf darf vorerst noch kein Waterboarding bei Interviews einsetzen

Nach der Kritik von Reinhold Mitterlehner an Armin Wolf muss eine lang geplante Programm-Innovation jetzt verschoben werden. Vorerst kommt daher kein Waterboarding bei ZIB-2-Interviews zum Einsatz. Das entschied heute die ORF-Generaldirektion nach Konsultationen mit Wolfs Pflegern.

„Im aktuellen politischen Klima wäre es unverantwortlich, Wolf so auf seine Opfer – äh, ich meine Gäste loszulassen", erklärte ORF-Chef Alexander Wrabetz, der Wolf auch bis auf Weiteres sogar verboten hat, seine Interviewpartner an der Hundeleine durch das Studio zu führen.

Enttäuschung

Armin Wolf scheint diese Neuigkeiten nicht zu goutieren. Bei einem Besuch im Hochsicherheitstrakt des Küniglbergs, wo Wolf eine fensterlose Zelle bewohnt, war lautes Jaulen zu vernehmen.

„Es trifft ihn wirklich hart", meint einer seiner Bewacher zur **TAGESPRESSE**. „Einen unbedeutenden Lokalpolitiker, den wir ihm zur Aufmunterung in die Zelle geworfen haben, hat er nicht einmal angerührt. Normalerweise hätte er so ein wehrloses Opfer mit nur zwei Interviewfragen komplett vernichtet."

Fortbildung
Langweilig dürfte Armin Wolf dennoch nicht werden. Ab morgen befindet er sich auf einem Fortbildungsseminar in Guantanamo Bay. Ein dort stationierter US-Soldat meint zur **TAGESPRESSE**: „Wir freuen uns schon sehr darauf, endlich vom Meister lernen zu dürfen!"

 84 414 Leser 6975 Shares

> **Gerald K.**
> Ich hoffe, er darf wenigstens Fingernägel ziehen, sonst hat so ein Interview ja gar keinen Sinn!

15.05.2017

Vor Parlament: Mann versucht Jungpolitiker mit Süßigkeiten in weißen Lieferwagen zu locken

Schock bei allen Parteien! Derzeit versucht ein Mann, vor dem Parlament Jungpolitiker in seinen weißen Lieferwagen zu locken. Er gibt ihnen Süßigkeiten und verspricht ihnen schöne Dinge. Angeblich will er sie für mehrere Jahre an sich binden.

„Die Szenen, die sich hier abspielen, sind unfassbar. Als Parteivater bin ich sehr besorgt", sagt NEOS-Chef Matthias Strolz. Der Mann vor dem Parlament überredet die Jungpolitiker offenbar dazu, ihren Parteivätern nichts von ihm, den Süßigkeiten und seinen Versprechen zu erzählen. Strolz will seine Abgeordneten ab sofort persönlich zur Arbeit und wieder nach Hause begleiten.

„Shorty McShortshort"
Der mysteriöse Mann, der sich den Jungpolitikern als „Shorty McShortshort" vorstellt, streitet alle Vorwürfe ab. Während des **TAGESPRESSE**-Interviews versucht er den Redakteur mit kleinen Moët-Flaschen und Lachsbrötchen auf seine Seite zu ziehen.

Polizei im Einsatz

Die Wiener Polizei ist bereits aktiv. „Der Mann nennt seinen weißen Lieferwagen ‚Geilomobil'. Was auch immer das bedeuten soll, es klingt sehr, sehr bedenklich. Ein Name wie ‚Geilomobil' fällt nur Psychopathen ein. Wir beobachten die Situation in den nächsten Tagen genau", heißt es vonseiten der Wiener Polizei.

 80 783 Leser    7948 Shares

> **David K.**
> Es ist toll, wie die TAGESPRESSE selbst über die kontroversesten Tagesthemen noch gnadenlos Blödsinn schreibt. Wundervoll!

> **Ralf T.**
> SCHLUSS JETZT!! das kurz-bashing muss aufhören. andernfalls erwägen wir die verschärfung des blasphemie-paragrafen.

16.05.2017

Alle Parteien einig: Neuwahlen am 15. Oktober, Wiederholung am 3. Dezember

Der Nationalrat beschloss heute einstimmig die Abhaltung der Neuwahl am 15. Oktober sowie die Wiederholung der Wahl am 3. Dezember. Damit steht aufregenden Wahljahren nichts mehr im Wege.

„Die Vorbereitungen laufen bereits auf Hochtouren", erklärte ein Sprecher des Innenministeriums der **TAGESPRESSE** und bestätigt Verhandlungen mit mehreren deutschen Herstellern über wiederablösbaren Klebstoff. Manche Produzenten arbeiten sogar schon in Sonderschichten, um rechtzeitig genug beschädigte Briefkuverts ausliefern zu können.

Über einen Termin für die gewohnte zweite Wiederholung im Jänner konnte man sich noch nicht einigen, da die FPÖ noch abklären muss, ob sich ihr Anwalt Dieter Böhmdorfer zu dieser Zeit im Winterurlaub befindet.

Wahlziele
Strache war es dann auch, der bereits heute offiziell den Wahlkampf eröffnete und ehrgeizige Pläne bekannt gab: „Wir wollen

uns nicht nur verdoppeln, sondern sogar vervierfachen: Unser Wahlziel lautet acht Wiederholungen."

Neuerungen

Briefwahlkarten können schon jetzt auf der Website des Innenministeriums angefordert werden. Im Gegensatz zur Wahl 2016 gibt es eine Neuerung: So können Briefwähler jetzt schon direkt auf der Website auswählen, wie viele Wahlzettel sie erhalten wollen. Auch für Nachbarn oder Freunde kann mitbestellt werden. Dafür ist jedoch ein gültiger Lichtbildausweis oder eine BIPA-Card notwendig.

 69 615 Leser  8102 Shares

> **Sabine R.**
> Man könnte ja beim ersten Wahlgang dann gleich die maroden Kuverts und übrig gebliebenen Stimmzettel der Bundespräsidentenwahl aufbrauchen.

> **Gerda K.**
> Zum Glück wählen wir schon 2017, damit lebt die Chance, dass wir bis zum regulären Wahltermin im Herbst 2018 eine gültige Wahl geschafft haben.

18.05.2017

„Nicht in diesem Zustand": Tom Turbo will die Grünen noch nicht übernehmen

Der Rücktritt von Eva Glawischnig stürzt die Grünen in eine Führungskrise. In einem eilig einberufenen Krisensitzkreis sprachen sich viele für Nachwuchshoffnung Tom Turbo aus. Doch das beliebte sprechende Fahrrad ziert sich: Herr Turbo lässt über die Medien ausrichten, die Partei „nicht in diesem Zustand" übernehmen zu wollen.

Meinungsforscher sind sich einig: Tom Turbo hat die mit Abstand besten Beliebtheitswerte in der jungen Zielgruppe. Weit abgeschlagen auf Platz zwei kommt das Ja!-Natürlich-Schwein. Auf Platz drei folgt ein veganes Tofu-Schnitzel. Ingrid Felipe belegt nur Platz vier.

„Herr Turbo wäre natürlich perfekt", erklärt ein anonymes Parteimitglied. „Er passt perfekt zu den Grünen: Er ist ein Fahrrad, er bekämpft korrupte Verbrecher, und er hat nur Handbremsen. Mit ihm gibt es sicher keinen Rücktritt."

Krisensitzkreis einberufen

In der Grünen-Parteizentrale ist bereits seit mehr als zwei Stunden ein Krisensitzkreis im Gange. „Wir hoffen, dass wir bis Anfang nächster Woche einen neuen Parteichef finden werden, mit dem wir dann im Oktober die Wahlniederlage meistern können", freut sich auch der Grüne Julian Schmid. Die Entscheidung soll entweder basisdemokratisch oder durch ein City-Bike-Rennen entlang des Wiener Gürtels getroffen werden.

Tom Turbo stellt sieben Bedingungen

Tom Turbo gab inzwischen bekannt, dass er die Führung der Partei an mehrere Bedingungen knüpft. „Ich bin bereit, die Grünen in eine große Zukunft zu führen, ähm, zu fahren. Aber nur unter sieben Bedingungen", erklärte Turbo heute im Rahmen einer Pressekonferenz.

Turbo will unter anderem parteiinterne Bösewichte wie Rudi Ratte, Fritz Fantom oder Peter Pilz ausschließen. Thomas Brezina übernimmt das Finanz- und Fantasieministerium. Außerdem soll die Parteizentrale der Grünen in einen unterirdischen Raum im Tiergarten Schönbrunn verlegt werden.

 110 876 Leser

Tom Turbo
Schock! Mein inoffizieller Fanklub (a.k.a. DiE TAGESPRESSE) enthüllt die streng geheimen Verhandlungen!

Franz-Josef S.
Endlich ein seriöser Bundesparteiobmann! Ob 111 Tricks in der aktuellen Tagespolitik reichen, um sich zu etablieren, ist wohl eine andere Frage … Laut Insidern diskutiert das Team Stronach, den Herrn Fritz Fantom als Spitzenkandidaten heranzuziehen. Es sieht nach einem schmutzigen Wahlkampf aus!

23.05.2017

Foto: TAGESPRESSE

Nach Israel und Palästina: Trump will auch Austria und Rapid versöhnen

Nach der diplomatisch heiklen Mission im Nahen Osten widmet sich Donald Trump jetzt der nächsten Mammutaufgabe: Er will den Nahosttangenten-Konflikt zwischen der Wiener Austria und Rapid beenden und einen Friedensvertrag zwischen den beiden Fußballklubs und ihren jeweiligen Fans schließen.

Seit Generationen wachsen Wiener Familien im Konflikt zwischen Rapid und Austria auf. Aus Nachbarn und Arbeitskollegen wurden erbitterte Feinde, und eine Lösung scheint weiter entfernt als ein Meistertitel von Rapid.

„Nach dem Fall der Sowjetunion haben wir damals versucht, die Rapid-Ultras zu entwaffnen, aber sie haben einer Abrüstung ihres Atomwaffenarsenals bis heute nicht zugestimmt", berichtet ein UNO-Mitarbeiter. Auch ein Besuch von Papst Franziskus auf der Osttribüne bei der Austria brachte keine Lösung.

Besuch an symbolträchtigen Orten

Wie schon in Israel, wo er die Klagemauer besuchte, stattete Trump auch den Freistoßmauern von Rapid und Austria einen Besuch ab. „Im Nahostkonflikt dient der Iran als gemeinsames Feindbild, im Nahosttangentenkonflikt soll diese Rolle Red Bull Salzburg übernehmen", so Trump. Er will verhindern, dass Salzburg weitere gefährliche Angreifer einkauft.

Trump zuversichtlich

„Ich habe erst letzte Woche den Nahostkonflikt gelöst, indem ich milliardenschwere Waffendeals abgeschlossen habe", zeigt sich Trump zuversichtlich, auf dieselbe Weise auch den Streit zwischen Austria und Rapid lösen zu können.

„Wir haben einen 200 Milliarden schweren Deal mit den Ultras über High-Tech-Pyrotechnik abgeschlossen. Im Gegenzug bekommen die Austrianer mehrere Tonnen Feuerzeuge und Bierbecher, die sie auf das Spielfeld werfen können."

Zum Abschied steigt Trump mit Fanschals von Rapid und Austria in die Air Force One und verabschiedet sich mit einem „Scheiß Red Bull" von den Medienvertretern.

 176 923 Leser 8617 Shares

> **Chili W.**
> In eurem Bild hat sich ein schwerer Fehler eingeschlichen: Das grün beherrschte Gebiet ist viel zu klein, und für das violette Gebiet würde ein paar hundert Meter großer Kreis um den Verteilerkreis reichen.

> **Martin A.**
> Wenn man den Trumpler sieht und hört, zweifelt man an der Schöpfungsgeschichte UND an der Evolutionstheorie!

24.05.2017

Nach Besuch von Trump: Papst glaubt nicht mehr an Gott

Für große Aufregung sorgte heute der Besuch von US-Präsident Donald Trump im Vatikan: Nach intensiven Gesprächen mit Trump ließ die katholische Kirche verlautbaren, dass Papst Franziskus leider ab sofort nicht mehr an die Existenz Gottes glauben kann.

„Ich habe immer gedacht, Gott der Allmächtige habe uns Menschen nach seinem Ebenbild geschaffen", weint der desillusionierte Papst Franziskus vor den Augen der Pressevertreter in seine Kutte. „Aber beim Besuch von Mister Trump wurde mir klar: So jemand, also so etwas, nein, das kann Gott nicht gewollt haben."

Vertraute berichten, dass Trump es geschafft habe, während des nur fünf Sekunden dauernden Handschlages zeitgleich alle Zehn Gebote zu brechen.

Trump besucht Rom
Der Besuch des US-Präsidenten im Vatikan war von Beginn an geprägt von groben Meinungsverschiedenheiten. „Die Positionen

zwischen uns und der westlichen Welt könnten unterschiedlicher nicht sein", erklärt auch Präfekt Gänswein. „Vor allem in puncto Abtreibung, Evolution und Frauenrechte sind wir den USA derzeit Jahrhunderte voraus."

Papst wird Atheist
Papst Franziskus wird trotzdem weiterhin im Amt bleiben, jedoch ab sofort die Nichtexistenz Gottes predigen. Der Kirchenchor probt bereits erste Lieder von Radiohead ein. Während der Messe werden in Rom außerdem statt Bibeln nur noch Reclam-Hefte von Nietzsche und Sartre aufliegen.

„Wenn es keinen Gott gibt, dann müssen wir unser Glück in irdischen Dingen suchen", erklärt der Papst bei seiner ersten atheistischen Predigt und beendet die Messe nicht mehr mit einem leisen „Amen", sondern mit einem inbrünstigen „YOLO!".

 370 835 Leser   25 112 Shares

> **Johnny D.**
> Steht da hinter Franziskus Darth Vader?

29.05.2017

In der Sonne eingeschlafen und nichts gegessen: Strache feiert unabsichtlich Ramadan

FPÖ-Chef HC Strache ist am Wochenende im Schwimmbad in der Sonne eingeschlafen und hat dabei den ganzen Tag nichts getrunken oder gegessen. Ausgerechnet zu Beginn des Ramadans zählt das offiziell als muslimischer Fastentag.

Mit dem Beginn des Ramadans ist zwischen Sonnenauf- und -untergang jede Aufnahme von Nahrung verboten. Das wurde Strache nach einer langen Nacht im Wiener Praterdome zum Verhängnis: Er verbrachte den gesamten nächsten Tag völlig regungslos auf einer Sonnenliege.

Euphorie bei Muslimen
Die Islamische Glaubensgemeinschaft will Strache nun eine Wahlempfehlung aussprechen: „Strache hat den Ramadan vorbildlich eröffnet. Wir freuen uns, dass er endlich auf den richtigen Weg gefunden hat", heißt es in einer Aussendung.

Richtung Praterdome beten

Herbert Kickl bremst die Euphorie: „Unser HC wird ab sofort den ganzen Ramadan lang jeden Tag so lange Schweinsbraten essen, bis die Sonne untergeht, und fünf Mal täglich Richtung Praterdome beten."

Pizza statt Fasten

Andere FPÖ-Politiker distanzieren sich von Straches Entgleisung. „Ich habe am Wochenende nicht gefastet, sondern eine leckere Pizza gegessen", sagt Norbert Hofer lachend. Er legt zum Beweis ein Foto vor, das ihn mit seiner Familie beim Pizzaessen in einem Wiener Lokal zeigt. Am Nebentisch sitzen Wolfgang Schüssel und Jörg Haider.

 334 789 Leser 14 827 Shares

> **Jan R.**
> Dem Vernehmen nach war sein Sonnenstuhl auch nach Südsüdost ausgerichtet, also Richtung Mekka.

> **Klaus H.**
> Der ist ja rot??? Mit grün unterlaufenen Augen? Das kann nicht sein.

30.05.2017

Wegen Hitze: WU-Student bindet sich statt Pullover heute Badehose um

Die erste Hitzewelle des Jahres hat Österreich erreicht. Während normale Menschen ihre kurzen Hosen und Röcke auspacken, hat sich auch der WU-Student Marco F. (27) für die heißen Temperaturen gerüstet: Marco lässt heute seinen Pullover im Schrank und hängt sich stattdessen die Badehose über die Schultern.

„Was für eine Mörderhitze!", stöhnt der Student der Internationalen Betriebswirtschaft aus Wien-Liesing. „Da brauch' ich heute keinen Pullover, da nehm' ich lieber gleich die Speedo."

Lässig wirft sich Marco die Badehose über das Poloshirt und macht sich auf den Weg zur U-Bahn-Station, wo er seinen Porsche geparkt hat: „Sodawasser, auf zur Uni, was hamma heute am Programm? Ah, geil, meine Lieblingsvorlesung: ‚Einführung in Blablabla'."

Dresscode missachtet
Auf der WU angekommen, sorgt sein Outfit für Aufregung, wie Marco verrät: „Der Türsteher meinte zuerst nur: ‚Sorry, aber so kommst du hier nicht rein …'"

Marco muss sich an der Garderobe zumindest für das Betreten des Hörsaals einen Leih-Pullover ausborgen, um sich diesen kurz über die Schultern zu werfen. „Ich war da total ur der Blickfang heute", lacht Marco. „Ich mein', ein BWL-Student ohne umgehängten Pullover, das ist so ur anders, das ist ja so, wie wenn ein Soziologiestudent auf einmal ohne Joint zur Vorlesung kommt."

Rektorin nicht erfreut
Die Rektorin der Wirtschaftsuniversität Edeltraud Hanappi-Egger sieht den heutigen Auftritt von Marco als Rufschädigung ihrer Institution: „Wir tragen hier die umgehängten Pullover, die Lacoste-Shirts und die Segelschuhe ja nicht zum Spaß. Diese drei Kleidungsstücke repräsentieren die Universität nach außen hin und stehen für die drei Säulen des BWL-Studiums: Arroganz, Ignoranz, kleiner Schwanz."
Marco hat sich inzwischen entschuldigt und gelobt Besserung. Er will als Wiedergutmachung ab morgen um die umgehängten Pullover sogar nochmals eine Schicht Pullover hängen.

 177 962 Leser   9246 Shares

> **Katharina B.**
> Markus B., wenn ich gewusst hätte, wie es auf der WU zugeht, hätte ich dich nie dort studieren lassen, sondern dich auf die BOKU geschickt, damit was Gescheites wird aus dir, mein Sohn!!

31.05.2017

Volltrottel (70) macht schon wieder irgendeinen Scheiß

Wenig überraschende Nachrichten kommen heute aus den USA: Ein ortsbekannter Volltrottel (70) hat dort mal wieder irgendeinen Scheiß gemacht. Angeblich hat es diesmal etwas mit dem Klima zu tun; dieses könnte jetzt über Jahrzehnte hinaus zerstört sein. Beobachter sind nicht einmal mehr schockiert.

Nachdem der amerikanische Idiot Donald T. letzte Woche permanent irgendwas völlig Beschissenes gemacht hat, sorgt er auch heute wieder für weltweite Schlagzeilen mit richtig dummer Scheiße.

„Das heute war ziemlich scheiße für die ganze Welt", sagt etwa Politikanalytiker Tim Josh aus den USA und fügt nach einer langen Pause hinzu: „Richtig, richtig scheiße."

Scheiß-Aktionen
Der Scheiß von heute reiht sich damit ein in eine lange Kette von Scheiß-Aktionen, die sich der Volltrottel seit Jänner geleistet hat. Viele erinnern sich noch an die Bilder, die durch alle Medien

gingen, auf denen er Angela Merkel wie Scheiße behandelt hat oder diesen einen anderen Staatschef letzte Woche.

Auch sein Anbiedern an das extremistische Saudi-Arabien war laut medialen Beobachtern „eine ziemlich beschissene Scheiß-Idee". Angeblich verfügt der Volltrottel auch über 5000 Atomwaffen.

Volltrottel
Viele fordern jetzt, den Volltrottel einfach zu ignorieren. Doch dies gilt unter Experten als quasi unmöglich, weil eine Schar von zahlreichen Volltrotteln den Volltrottel vergangenen November zu ihrem Volltrottel-Anführer gewählt hat.

Erst in dreieinhalb Jahren besteht die theoretische Möglichkeit, den Volltrottel durch einen mit Glück vielleicht etwas kleineren Volltrottel zu ersetzen. Außer dem Volltrottel fällt bis dahin irgendeine Scheiß-Aktion ein, um die Wahl wieder zu gewinnen.

 300 749 Leser 11 211 Shares

> **Katharina B.**
> Sorry, aber das ist nicht wirklich ein gelungener Beitrag. Man hört förmlich, wie die Tasten auf dem Keyboard kaputtgehen, weil euer Autor mit voller Wut auf die Tasten gedroschen hat.

> **Benedikt G.**
> Sehr faire Aktion, liebe TAGESPRESSE, endlich mal ein Artikel, den auch Trump sinnerfassend lesen kann. Ist ja unfair, wenn alle über ihn herziehen und er weiß nicht warum.

01.06.2017

Gegen Erderwärmung: Trump will USA mit riesiger Klimaanlage kühlen

Wieso kompliziert, wenn es auch einfach geht? US-Präsident Donald Trump präsentierte heute eine neuartige Lösung gegen die Erderwärmung: Er will die gesamten USA mit einer riesigen Klimaanlage abkühlen. Experten jubeln, und selbst seine schärfsten Kritiker schweigen.

„Die heiße Luft kommt da rein, und kalte Luft kommt auf der anderen Seite wieder raus", erklärt Trump die komplexe technische Funktionsweise seiner Idee. Auf den Einwand eines Journalisten, dass eine Klimaanlage die Wärme nur woanders hinleitet, entgegnet Trump: „Dann leiten wir sie zum Nordpol. Dort ist es ohnehin viel zu kalt."

Weil Eskimos von der warmen Luft profitieren, sollen sie laut Trump auch für die Baukosten von 18 Billionen Dollar aufkommen, und nicht die US-Steuerzahler. Um zu verhindern, dass neue, unerwünschte Hitze aus Mexiko in die USA strömt, plant Trump an der mexikanischen Grenze zusätzlich eine Mauer aus Kühlschränken, bei denen die Tür offen steht.

Trump präsentiert seine Pläne.

Nach den gestrigen Medienberichten, wonach Trump das Pariser Klimaabkommen aufkündigen will, sind Experten wieder einigermaßen beruhigt. Sie gehen davon aus, dass das Klima jetzt sogar einige Monate länger überleben könnte als der 70-jährige Trump.

 124 089 Leser 4857 Shares

> **Stefan G.**
> Also ist der Plan, einen gigantischen Eiswürfel ins Meer zu werfen, gestorben?

> **Klaus H.**
> Also ich bin ja ein großer Freund von Satire, aber es muss ja realistisch überspitzt bleiben … Dann kann man auch gleich behaupten, er baue 'ne Mauer zu Mexi… oh, stimmt. Sorry.

08.06.2017

Liste Sebastian Kurz verspricht, Reformen auf völlig neue Art und Weise zu blockieren

Sebastian Kurz scheint es ernst zu meinen mit dem Neustart der ÖVP: In der gestrigen ZIB 2 kündigte er an, frischen Wind in die Volkspartei zu bringen und innovative Lösungen zu finden, wie man Reformen auf ganz neue Art und Weise blockieren kann.

„Ich bin Obmann dieser Partei geworden, um mit den Traditionen der Volkspartei radikal zu brechen", so Kurz zu Armin Wolf. Demnach müsse die Partei neue Wege finden, wie sie dafür sorgen kann, dass die verkrusteten Strukturen im Land auch für zukünftige Generationen erhalten bleiben, so Kurz.

„Ich habe einen Traum: dass meine Kinder eines Tages eine Schule besuchen dürfen, wo sie genauso unterrichtet werden wie zur Zeit von Maria Theresia", erklärt Kurz und wischt sich dabei mit einem türkisen Taschentuch eine Träne weg.

Sprung in die Zukunft

Beobachter sind sich einig: In der Volkspartei weht ein frischer Wind. Vorbei die Zeiten, in denen jahrelange Parteikarrieren bei

Raiffeisen geendet sind. Heute sind für die neue ÖVP-Spitze Jobs im Callcenter einer hochmodernen Direktbank reserviert, verraten Insider.

Koalitionskrach
Die Ankündigung sorgt für Ärger beim Koalitionspartner SPÖ. „Wir haben ein fix und fertig ausverhandeltes Regierungsprogramm, wo genau drinsteht, wer wen wann wo blockiert", so Kanzleramtsminister Thomas Drozda.

Die SPÖ will das weitere Vorgehen in einer parteiinternen Schlägerei besprechen. Doch bis dahin hüllt sich die Partei in Schweigen, so ein Sprecher: „The first rule about the SPÖ Club is: You do not talk about the SPÖ Club."

 172 049 Leser   6613 Shares

> **Heinz S.**
> Und wenn die ÖVP erst das Finanz- und das Wirtschaftsministerium kontrolliert, wird alles besser! Äh, Moment mal …

> **Paul K.**
> Frei nach Peter Klien: „Wenn die ÖVP jetzt eine Bewegung ist, wer sorgt dann für Stillstand in Österreich?"

09.06.2017

Kern: Fairer Faustkampf zwischen SPÖ-Mitarbeitern soll über Koalition mit FPÖ entscheiden

Bei der SPÖ stehen die Zeichen auf Klärung, was die Frage über eine Koalition mit der FPÖ betrifft: In einem fairen Faustkampf zwischen Mitarbeitern der SPÖ soll entschieden werden, ob die beiden Parteien möglicherweise koalieren werden. Das bestätigte Christian Kern heute vor dem Bundeskanzleramt.

„Nachdem es letzte Woche in der Sitzung bereits recht hitzig hergegangen ist, sagen wir heute einfach: Gehen wir vor die Tür, klären wir das wie Männer, eins gegen eins, jetzt hier am Ballhausplatz", so Kern zur **TAGESPRESSE**. Er sei ein Mann mit Handschlagqualität.

Extra für den Kampf hat der Kärntner Landeshauptmann Peter Kaiser einen strengen Kriterienkatalog ausgearbeitet, an den sich die teilnehmenden Parteifreunde halten müssen: „Keine Schlagringe, keine Messer, keine Kieberei, nur Fäuste. Kratzen und beißen ist sozial ungerecht."

Lösung für Streit?

Politexperte Peter Filzmaier bezeichnet den Vorgang als „Geniestreich", mit dem Kern die SPÖ wieder auf eine Linie bringen kann: „Derzeit gibt es in der SPÖ zwei konkurrierende Gruppen: auf der einen Seite die, die eine Koalition mit der FPÖ wollen, und auf der anderen Seite die Sozialdemokraten."

Auf die Idee brachte Kern sein neuer Wahlkampfberater Tyler Durden aus Großbritannien, der bisher als unbeschriebenes Blatt gilt. Die endgültige Entscheidung über Rot-Blau soll dann bei einem SPÖ-Parteitag auf der Blutwiese abgesegnet werden, der gegen Mitternacht „irgendwo auf der Donauinsel, wo keine Straßenlaternen sind", stattfinden soll.

 107 155 Leser ➤ 2957 Shares

09.06.2017

Tagelang nicht von Smartphone aufgeblickt: Wiener Teenager (15) in Albanien aufgetaucht

Eigentlich wollte die Wiener Schülerin Sophie (15) bloß vom Gymnasium nach Hause gehen. Doch da sie ihren Blick tagelang nur auf das Handy gerichtet hatte, kam sie niemals im elterlichen Heim in Wien-Penzing an. Stattdessen tauchte sie heute in Albanien auf.

„Scheiße, Akku leer", dachte sich Sophie, als sie nach sechs Tagen zum ersten Mal ihren Kopf erhob. „Ich hab' mir nur 'dacht, fuck Oida, was is' das bitte für ein Getto, ich bin da ja ur in Floridsdorf oder so."

Erst als Sophie einen Passanten fragt, erkennt sie, dass sie sich auf dem Frachtenbahnhof eines albanischen Nerzschlachthofes befindet. Dass die Jugendliche niemandem aufgefallen war, liegt laut Behörden daran, dass auch die Grenzpolizisten in Ungarn, Serbien, Montenegro und Albanien mit ihren Smartphones beschäftigt waren.

Eltern besorgt

Die Eltern der Wiener Schülerin sind erleichtert, dass ihre Tochter wieder zu Hause ist, aber auch besorgt. „Die Jugendlichen haben einfach kein Gespür mehr, wie man vernünftig und verantwortungsvoll mit Technik umgeht", erklärt ihr Vater, gelernter Elektriker, während er eine Brotscheibe mit der Gabel aus dem Toaster holt.

Blick auf Smartphone als Gefahr

Der Fall Sophie ist glimpflich ausgegangen, doch Suchtexperten warnen immer öfter vor Unfällen, die durch Smartphones verursacht werden. „Beim Autofahren auf das Handy zu schauen hat denselben Effekt wie 0,8 Promille Alkohol im Blut", warnt Dr. Ruth Eisner.

„Vor allem in Wien wird das zunehmend zur Gefahr. Denn zusätzlich zum gewöhnlichen Alkoholpegel bewegt sich somit jeder Smartphone-User am Steuer wie jemand mit 3 Promille durch die Stadt."

 188 078 Leser   7204 Shares

Luigi P.
Liebe TAGESPRESSE! Als Albaner fühle ich mich über das Titelbild persönlich angegriffen. Die Verwendung eines solchen Bildes zur pauschalen Darstellung eines ganzen Landes ist eine Verhöhnung des gesamten albanischen Volkes! Jede/r Albaner/in und Kenner/in des Landes weiß ganz genau, dass Albanien viel hässlicher, schmutziger, gefährlicher und rückständiger ist und niemals die Sonne scheint! Zudem wäre der Teenagerin sofort nach Betreten des Landes das Handy gestohlen worden.

Bianca N.
LÜGENPRESSE! Zum ersten Mal bin i so irrsinnig enttäuscht, dachte, TAGESPRESSE wäre die seriöseste Berichterstattung! Und nicht so eine unseriöse, fast schon satirische Zeitung wie alle anderen! Kein Akku hält 6 Tage am Stück, wenn man dauerhaft am Smartphone hängt! Also entweder hatte sie einen wirklich super Powerbar dabei oder alles erstunken und erlogen!

13.06.2017

Keine Regeln, keine Limits: Erste Waldorf-Fahrschule in Wien eröffnet

In Wien-Währing hat diese Woche die erste Waldorf-Fahrschule des Landes eröffnet. Die Fahrschüler werden weder in Verkehrsregeln noch in Vorschriften unterrichtet. Stattdessen wird nach dem Waldorf-Prinzip gelehrt: Jeder Mensch kann so fahren, wie er sich fühlt. Ein Lokalaugenschein.

Am Übungsplatz der Waldorf-Fahrschule Wien-Währing lernen die Schüler künstlerisch-kreatives Fahren. „Wir wollen, dass unsere Fahrschüler am Steuer ihre Persönlichkeit entfalten", erklärt der Waldorf-Fahrlehrer Eugenius. „Wenn jemand nicht mit dem Strom schwimmen will, dann darf er natürlich auch gegen die Einbahn fahren."

Jeder kommt durch

13 Uhr, Fahrprüfung. Die Stimmung ist entspannt. „Toll, ganz toll, wie du mit 160 an der Schule im ersten Bezirk vorbeigefahren bist und dann direkt vom fünften Gang runter in den ersten geschaltet hast! Du bist ein Freigeist, gratuliere!", lacht Fahrlehrer Eugenius. Nachdem die Feuerwehr die Schülerin aus dem ge-

schrotteten Wagen geschnitten hat, überreicht Eugenius ihr den Führerschein.

Verkehrsordnung ändern

Erste Anhänger der Waldorf-Fahrschule fordern nun auch eine Gesetzesanpassung. Sie fühlen sich diskriminiert, wie Eugenius erklärt: „Warum diese fixen Geschwindigkeitsgebote wie 50 km/h oder 80 km/h? Wir wollen andere Schilder mit Aufschriften wie ‚0 bis 200 km/h'. Ich will selbst entscheiden, mit welchem Tempo ich meinen Astralleib durch das irdische Dasein bewege!"

Ein Tag in der Fahrschule geht zu Ende. Zur Feier des Tages steckt Eugenius sich noch ein Räucherstäbchen in den Zigarettenanzünder, dann fährt er zufrieden am Gehsteig nach Hause.

 224 162 Leser 14 879 Shares

Karolin D.
Als ehemalige Waldorfschülerin würde ich meinen Kommentar zu dem Artikel am liebsten tanzen!

Lena K.
Wiener fahren doch eh schon so …

16.06.2017

Diskriminierungsverbot: „Der Mann" muss künftig „Der/Die Mensch*In_nen" heißen

Zu einem aufsehenerregenden Urteil gelangte heute das Wiener Verwaltungsgericht: Die Bäckereikette „Der Mann" hat sich unwiderruflich den Antidiskriminierungsrichtlinien der EU zu beugen und muss fortan unter dem Namen „Der/Die Mensch*In_nen" firmieren.

„Das Unternehmen leistet mit seiner offensiv-patriarchalischen Namensgebung und der glorifizierenden Präsentation phallusartigen Gebäcks, wie Kornspitz, Baguettes und Salzstangerln in beleuchteten Glasvitrinen, einen nicht unwesentlichen Beitrag zur Sexualisierung des öffentlichen Raumes", heißt es in der Urteilsbegründung.

Verheerende Zustände

Doch das scheint nur die Spitze des Eisberges zu sein: „Im heimischen Bäckergewerbe liegt leider noch viel mehr im Argen", kritisiert die Wiener Backwaren-Gleichstellungsbeauftragte Wasa Pumpernickel von den Grünen.

Bei ihren Kontrollen musste die Expertin schockiert feststellen, dass in allen Bäckereifilialen eine strikte Trennung von Schwarz-

und Weißbrot vollzogen wird. Diese Brot-Apartheid geht oftmals noch einher mit fragwürdigen Produktbezeichnungen. Zum Beispiel wird mit dem Verkaufsschlager „Kaisersemmel" in geradezu anachronistischer Weise ein absolutistisches Herrschaftsmodell verharmlost.

„Ein fatales Zeichen! Deshalb sprechen wir uns hier klar für eine Umbenennung in ‚Demokratiebrötchen' aus", so Pumpernickel. Zudem soll die Praxis der Brotrassentrennung schnellstmöglich bei hohen Strafen verboten werden.

Widerstand
Die geplanten Maßnahmen ernten jedoch nicht überall Zustimmung. „Diesen wirren Forderungen können wir rein gar nichts abgewinnen!", poltert etwa Dr. Marc Franzus von der Nationalen Sonderkommission gegen die Degeneration abendländischer Brotkultur (NSDAB).

Die Initiative befürchtet eine zunehmende Vermengung des völkischen Glutenmaterials zu einer minderwertigen, hellbraunen Mischbrotrasse. „Das Endergebnis wäre ein zutiefst kulturfremdes Einheitsbackwerk: nicht resch genug für ein morgendliches Marmeladesemmerl und zu mürbe für das gesunde Speckbrot am Abend", malt Franzus ein düsteres Zukunftsbild an die Wand.

 206 062 Leser   13 651 Shares

> **Andi B.**
> Der Anthropozentrismus des Urteils ist erschreckend: „Das Lebewesen" oder, um Steine nicht zu diskriminieren, „Das Ding" wäre noch besser.

19.06.2017

Deutschpflicht an Schulen: FPÖ fordert Umbenennung von Toiletten in „Scheißhäuser"

Im Zuge der Bildungsreform fordert die FPÖ endlich eine totale Deutschpflicht an sämtlichen Schulen. Alles, was nicht deutsch ist, ist den Freiheitlichen ein Dorn im Auge. Sogar die „Toiletten" sollen umbenannt werden in „Scheißhäuser".

„In Österreich geht man bitte schön nicht auf eine sogenannte Toilette, sondern immer noch auf das Scheißhaus!", erklärt FPÖ-Fäkalsprecherin Dr. Dagmar Belakowitsch-Jenewein.

Die Freiheitlichen fordern eine sofortige Umbenennung aller Toiletten, die nach ihrem Erfinder, dem Pariser Kaufmann Frederique Toilette (1779–1823), benannt sind: „Es ist zum Schutz unserer Kleinsten! Unsere anständigen hiesigen Kinder gehören auf das Scheißhaus, auf das Heisl oder von mir aus in die Brunzhittn, aber sicher nicht auf eine ausländische Toilette!"

Totale Eindeutschung
Die FPÖ wollte den Antrag bereits heute im Parlament einbringen. Allerdings wurde dieser drei Mal abgelehnt, da das Wort „Toilette" drei Mal falsch geschrieben war.

Geht es nach der Partei, sollen alle Schulgebäude komplett deutsch werden. FPÖ-Chef Strache unterstützt den Plan: „Auch diese Buffets müssen weg. Das werden in Zukunft Fressstationen. Und über diese Gymnasien wird man auch noch reden müssen." Die FPÖ will den Begriff „Gymasium" bis 2020 durch „Superhauptschule" ersetzen.

FPÖ will mehr Einfluss an Schulen
„Sobald wir im Herbst in der Regierung sind, wird ohnehin der ganze Lehrplan umgestellt", freut sich auch der designierte FPÖ-Bildungsminister Felix Baumgartner. Die FPÖ plant dann an allen Superhauptschulen das neue Fach „Entarteter Kunstunterricht". Alle Hauptschulen bekommen zusätzlich eine verpflichtende tägliche Wehrsportstunde.

 166 937 Leser   6473 Shares

Georg S.
Dann bin ich aber dafür, dass die FPÖ-Zentrale auch in „Scheißheisl" umbenannt wird.

Chris S.
Wer einmal zur Toilette rennt, gehört schon zum Establishment!

21.06.2017

Nach Informatik-Studium: Mann weiß jetzt, wie man jedes Computerproblem googelt

Am heutigen Arbeitsmarkt ist ein Studienabschluss wichtiger denn je. Aus diesem Grund entschied sich der Kärntner Thomas Bucher vor fünf Jahren für ein Informatikstudium an der TU Wien. Heute erhält er seinen wohlverdienten Masterabschluss. Damit wissen potenzielle Arbeitgeber, dass er in der Lage ist, jedes Computerproblem zu googeln.

„In den letzten fünf Jahren habe ich wirklich viel gelernt", sagt Bucher stolz. „Ich kann jetzt nicht nur jedes Problem googeln. Ich kann sogar Probleme googeln, die erst entstanden sind, weil ich versucht habe, andere Computerprobleme zu lösen."

Große Nachfrage

Am Jobmarkt sind solche Skills äußerst gefragt, wie ein Manager eines großen Unternehmens der **TAGESPRESSE** bestätigt: „Bei uns kommt es schon mal vor, dass etwa das Internet nicht funktioniert. Da ist es für uns dann wahnsinnig wichtig, qualifizierte Spezialisten im Unternehmen zu haben, die mir erklären, ich soll den Router neu starten oder schauen, ob der PC überhaupt eingeschaltet ist."

Fortbildung
Doch Buchers Lehrjahre sind noch nicht vorbei: Gerade in der IT ist Weiterbildung das Um und Auf. Daher will Bucher bald einen Abendkurs über Netzwerksicherheit belegen: „Da lerne ich, wie ich bei Hackerattacken rechtzeitig das Internetkabel rausziehe."

Jugendlichen empfiehlt Bucher, sich nicht vom technischen Aspekt des Informatikstudiums abschrecken zu lassen: „Google ist wirklich einfach zu benutzen."

Doch wichtiger bei der Auswahl des richtigen Studiums seien ohnehin persönliche Interessen: „Vielleicht interessieren Sie sich ja mehr für Medizin, wo man lernt, wie man bei Husten Antibiotika verschreibt. Oder Jus, wo man erfährt, wie man für einen einfachen Anwaltsbrief 500 Euro verlangen kann."

 120 275 Leser 4294 Shares

> **Erich K.**
> Ein sogenannter Fullstackoverflow-Developer.

Kampf gegen Kriminalität: Polizei will stärker auf Social Media setzen

Im Kampf gegen Kriminalität will die Polizei jetzt noch stärker auf Social Media setzen. Das gab das Innenministerium heute bekannt. Eine eigene Sondereinheit soll auf Facebook eingesetzt werden, um Verbrechern, Terroristen und Drogendealern auf die Spur zu kommen.

„Das Internet wird unter jungen Menschen immer populärer", so Innenminister Sobotka vor Journalisten. „Es könnte sich womöglich sogar durchsetzen. Dafür müssen wir uns rechtzeitig wappnen."

Der Facebook-Account der Polizei soll künftig dazu genutzt werden, um die Community zur Mithilfe beim Aufspüren von Terrorverdächtigen zu animieren. User können einfach ihre Freunde markieren und so die Polizei über illegale Aktivitäten informieren.

Undercover

Auch verdeckte Ermittler sollen vermehrt zum Einsatz kommen. „Unsere Beamten fügen derzeit alle Facebook-User mit ausländischen Namen als Freunde hinzu – natürlich ganz undercover", erklärt Sobotka. Mit gezielten Postings will man Kriminelle dann in die Falle tappen lassen.

„Wir sind bereit für die Zukunft", gibt sich Sobotka optimistisch. „Verbrecher bekommen von uns kein ‚Like'", fügt der Wiener Polizeipräsident Pürstl hinzu.

Crowdfunding

Auch andere Internetdienste sollen bald von der Polizei genutzt werden. So könnte sich Sobotka vorstellen, die Polizei künftig mit Kickstarter zu finanzieren. „Da gibt's dann natürlich auch Goodies: Wer 10 Euro spendet, darf einmal mit einer Glock schießen, bei 20 Euro darf man einen Dealer verhaften und so weiter."

Man sieht: Die Polizei ist für die Zukunft gut gerüstet.

 149 713 Leser   10 007 Shares

> **Sabine R.**
> Kann man da nicht auch ein Post-it auf die zu markierende Person kleben? Hat ja nicht jeder immer und überall SM parat.

25.06.2017

„Wollen uns nur mehr mit uns selbst beschäftigen": Grüne ziehen sich aus Politik zurück

31 Jahre nach ihrer Gründung geht eine Ära zu Ende: Die Grünen haben heute am Parteitag beschlossen, sich aus der aktiven Politik zurückzuziehen. Sie wünschen sich mehr Zeit für sich selbst und wollen daher mit Oktober aus dem Nationalrat ausscheiden.

„Die Zeit in der Politik war sehr spannend", erklärte Spitzenkandidatin Ulrike Lunacek vor Parteimitgliedern. „Aber Korruption aufdecken, Sachpolitik betreiben, die Wähler repräsentieren: Das alles lenkt von den Dingen ab, die im Leben wirklich wichtig sind – wir selber, unsere eigenen Befindlichkeiten und unsere internen Streitereien." Diesen wolle man sich künftig mit „voller Energie" widmen.

Notwendige Trennung von Peter Pilz
Ein Listenplatz für Peter Pilz hätte wohl mehrere Mandate gebracht. „Daher mussten wir ihn leider abwählen", so Lunacek. „Sie nennen es Kompetenz. Ich nenne es Ablenkung."

Immerhin hätte der Enthüllungsexperte den Grünen in der Vergangenheit schon oft zu große Arbeit bereitet: „Sein ständiges Nachfragen hat uns immer wieder in Zugzwang gebracht. Damit ist jetzt Schluss." Bei einem gemeinsamen Trommelkreis mit anschließendem Bikram-Yoga wollen sich die Grünen wieder in Gleichklang bringen und zu sich kommen.

Julian Schmid soll als Pilz' Nachfolger wieder mehr Ruhe in die Partei bringen. Dass die Grünen mit Peter Pilz ihren wichtigsten Enthüller verlieren, findet Lunacek nicht: „Auch Julian Schmid wird im Parlament einige große Dinge enthüllen und daher bei der nächsten Parlamentssitzung einen Striptease hinlegen."

 235 023 Leser   11 100 Shares

> **Markus S.**
> Na ja, der Beitrag ist aber echt verletzend! Dass die Grünen ab jetzt deutlich mehr Zeit für ihr Lieblingshobby „Leute vernadern und anzeigen" haben, wird mit keinem Wort erwähnt!

27.06.2017

Liste „Scheiß Grüne": Peter Pilz gründet eigene Bewegung

Knalleffekt in der Innenpolitik: Peter Pilz will nun doch bei der Wahl antreten, allerdings mit seiner eigenen Bewegung, der Liste „Scheiß Grüne".

„Ja, es stimmt, ich trete an!", wütet Peter Pilz gut gelaunt, als er seine neue Liste präsentiert. Pilz erklärt, dass er sich in seiner alten Partei nicht mehr zu Hause gefühlt hat: „Schauen Sie sich die Mäderlpartie an: Lunacek, Felipe, Schmid … Da passt so ein Wüterich vom alten Schlage wie ich ja gar nicht mehr rein."

Vor allem Julian Schmids Forderung nach einer Happy Hour im Eurofighter-U-Ausschuss dürfte das Fass diese Woche zum Überlaufen gebracht haben.

Pilz geht auf Distanz

Mit der Liste „Scheiß Grüne" will Pilz sich nicht nur äußerlich von der Altpartei distanzieren, sondern auch inhaltlich. „Ich habe bereits Wahlslogans drucken lassen", lächelt Pilz wütend und zeigt Plakate mit den Aufschriften „Scheiß Lunacek", „Scheiß Felipe" und „Scheiß Schmid".

Politexperte Filzmaier sieht den Abgang mit gemischten Gefühlen: „Ich weiß, dass es als Politexperte meine Aufgabe wäre, jetzt etwas zu sagen. Aber ehrlich gesagt interessieren die Grünen nicht einmal mehr mich. Wollen wir nicht übers Wetter reden?"

Selbstauflösung
Nach dem Verlust von Pilz und dem Zusammenschluss der Jungen Grünen mit der KPÖ geht die Selbstauflösung der Grünen wie geplant weiter. „Im Wahlkampf werden wir wohl noch drei bis fünf Abgeordnete basisdemokratisch rausmobben", freut sich Lunacek. „Aber der Julian hat mir versprochen, dass er dann erst nach unserem Scheitern an der Vier-Prozent-Hürde zur Liste Kurz wechseln wird."

 222 574 Leser 8392 Shares

> **Georg E.**
> Ist jetzt schon mehr Inhalt als bei ÖVP und FPÖ gemeinsam!

27.06.2017

Nach Rekordstrafe: Google löscht Europa „versehentlich" aus Google Maps

Nur Stunden, nachdem die EU-Kommission Google eine Strafe von 2,4 Milliarden Euro aufgebrummt hat, hat der US-Konzern ganz Europa aus Google Maps gelöscht. „Versehentlich", wie ein Sprecher betont. Der Fehler sorgt auf dem ganzen Kontinent für Chaos.

„Ich wollte zu meiner Freundin nach Hietzing, aber ohne Google Maps bin ich offenbar bis nach Syrien gegangen. Es ist furchtbar hier", sagt Pascal U. (24), während er weinend durch Floridsdorf irrt.

Er hat seinen Fidget Spinner bereits erfolglos zu einem Kompass umgebaut. Pascals Vater hat ihm jedoch einen alten Indianertrick verraten, der die Navigation erleichtert: „Ich soll einfach Passanten nach dem Weg fragen."

Irrfahrt durch Wien

Manche Menschen stiegen von Google Maps zwangsweise auf die Qando-App der Wiener Linien um. Nicht ohne Probleme, wie etwa die Angestellte Claudia T. (35) der **TAGESPRESSE** berichtet: „Früher bin ich in 15 Minuten im Büro gewesen. Jetzt fahr' ich mit der U1, D-Wagen, dem 48A, 256B, dann wieder mit dem 43er, dann mit der U4, anschließend noch mit dem Railjet nach Linz, Graz und Wien Hauptbahnhof und dann mit dem 69A, bis ich da bin."

Weitere „Fehler"
Offenbar traten zeitgleich weitere Fehler auf: Mehrere Teenager meldeten der **TAGESPRESSE**, dass die Suche nach den Begriffen „YouPorn", „xHamster", „geile porno videos" und ähnlichen zu keinen Ergebnissen mehr führt. Außerdem führen Suchbegriffe wie „Arschlöcher", „Hurensöhne" oder „Warum ist diese Welt so scheiße" zum Wikipedia-Artikel der EU-Kommission.

Google verspricht, alle Probleme zeitnah zu lösen. Jedoch läuft die Behebung nicht ohne Hindernisse: Ein Google-Programmierer wollte die Adresse der EU-Kommission googeln, um herauszufinden, wo das Problem liegt. Jedoch konnte er das Büro der Kommission auf Google Maps nicht finden.

223 093 Leser   7783 Shares

> **Walter P.**
> Es soll aber noch eine Rebellengruppe geben, genannt Nerds, die digitalen Okkultismus und ähnlichen Hokuspokus betreiben, die eine geheime Karte haben, die Open Street Map, auf der nach wie vor GANZ EUROPA eingezeichnet ist. Allerdings ist es aufgrund ihrer speziellen Ausdrucksweise nur sehr schwer, mit ihnen in Kontakt zu treten und sie zur Hilfe zu bewegen.

28.06.2017

„Bleibe Politik erhalten": Lugar wird Heißluft-Handtrockner am Parlaments-WC

Das Aus des Team Stronach sorgte gestern für Schockwellen in ganz Österreich. Doch heute gibt es zumindest teilweise Entwarnung: Robert Lugar, bisher Klubobmann der Partei, bleibt der Politik erhalten. Er darf seine heiße Luft auch weiterhin im Hohen Haus ausstoßen und wird Handtrockner am Parlaments-WC.

Nach Auskunft des Haustechnikers im Parlament eignet sich Lugar ideal für die Stelle: „Immer, wenn ältere, gut verdienende Männer ihre Hand ausstrecken, macht er sofort den Mund auf und bläst schön warme Luft raus." Lugar verhält sich dabei so unauffällig, dass niemand überhaupt Notiz von ihm nimmt.

Erste Beschwerden

Schon mehrere Parlamentarier berichten von frustrierenden Erlebnissen mit dem neuen Handtrockner. „Er stößt zwar echt super heiße Luft aus, aber dazwischen sagt er immer irgendwas gegen Flüchtlinge vong Hass her", so Julian Schmid von den Grünen. Er fordert antirassistische Handtrockner und hat sich daher gleich selbst neben Lugar postiert.

Gerüchteküche

Der alte Handtrockner wurde abmontiert, weil er sich beruflich neu orientieren will. Über seine berufliche Zukunft kursieren derzeit nur Gerüchte; auch er soll im Parlament bleiben. Heute Nachmittag um 14 Uhr gibt der Handtrockner eine gemeinsame Pressekonferenz mit Reinhold Lopatka.

 130 351 Leser   5678 Shares

> **Andreas K.**
> Ich befürchte, dass ihn auch diese Tätigkeit intellektuell überfordern wird.

29.06.2017

Kurz gegen Homo-Ehe: „Finde Arschkriecher nur gut, wenn sie aus der JVP kommen"

Nach der Ablehnung der Homo-Ehe durch die ÖVP heute im Parlament bezieht ÖVP-Chef Sebastian Kurz Stellung: Er bleibt beim Thema Homo-Ehe weiterhin skeptisch und erklärt, er „finde Arschkriecher nur gut, wenn sie aus der JVP kommen". Mit diesen klaren Worten positioniert sich Kurz – wo genau, ist laut Experten schwer zu sagen.

In Österreich dürfen gleichgeschlechtliche Paare nach wie vor nicht heiraten. Kurz will sich nicht festlegen und erst im Herbst Stellung beziehen, wenn er sein Programm präsentiert. „Vielleicht ist es ja nur eine Phase und bis zum Herbst sind die Homosexuellen wieder alle von selbst heterosexuell", so Kurz optimistisch.

Treue Untergebene
Während des **TAGESPRESSE**-Interviews kommt ein JVP-Mitglied vorbei und fällt vor Kurz auf die Knie. Kurz lächelt gönnerhaft, während ihm der junge Mann liebevoll die Schuhe mit Moët-Sekt und einem 500-Euro-Schein poliert.

„Ich gehöre nur Ihnen, Meister", flüstert der JVPler mit brüchiger Stimme. Kurz füttert ihn zur Belohnung mit einem Lachsbrötchen.

Offen und tolerant
„Ich bin sehr tolerant gegenüber diesem gewissen Lebensstil", sagt Kurz. „Ich habe überhaupt nichts gegen die ganzen Speichellecker aus der JVP, die mir tagtäglich in den Arsch kriechen." So bleibe er stets ein sehr offener Mensch, sagt Kurz.

Abschließend bekräftigt Kurz noch einmal die neue Richtung: „Während die deutsche CDU oder die britischen Torys die Ehe für alle unterstützen, sind wir von der neuen ÖVP schon längst dagegen! Das ist für mich neuer Stil."

 248 891 Leser   8947 Shares

> **Fabi K.**
> Durch die Reduzierung von Homosexualität auf das rein Sexuelle habe ich manchmal das Gefühl, dass Heteros tief in ihrem Inneren einfach nur neidisch auf das Bild sind, das sie von Homosexuellen haben.

30.06.2017

Ganzes Zeugnis voller Vierer: Meidling feiert hochbegabten Gymnasiasten

Der heutige Schulschluss ist für den Meidlinger Schüler Dustin Dutschek (16) ein Tag zum Feiern: Der Gymnasiast schloss alle Fächer mit einem „Genügend" ab und gilt nun als begabtester Schüler des Bezirks.

„Wir nennen ihn nur noch den ‚Einstein vom Matzleinsdorfer Platz'!", lacht die Meidlinger Bezirksvorsteherin Gabriele Votava, als sie Dustin vor dem Schulgebäude des „Lyceé Türkiye de Vienne" gratuliert und für gemeinsame Fotos posiert. Dustin schloss alle Fächer positiv ab und soll nun durch ein speziell vom Magistrat geschaffenes Hochbegabtenprogramm gefördert werden.

Eltern stolz

Die Eltern des Jugendlichen sind stolz, wie Dustins Vater Kevin (32) berichtet: „Wia sogt ma so schen? Der Apfel fällt sehr weit vom Stamm." Dustins Begabung war jedoch oft auch ein Problem, wie Mutter Claudia (34) berichtet: „Er wor imma schon ondas, gscheid, fost a bissl gspritzt. Amoi woit er stott Kronehit Radio liaba Ö3 hören. Da hob i ma docht, aha, da feine Herr Doktor hört wohl lieber den Kultursender!"

Unterschiedliche Ergebnisse

Für Dustin heißt es jetzt erst mal entspannen. Gemeinsam mit seinen Eltern macht er ab morgen eine Woche Urlaub im Stau auf der Südosttangente.

Während Meidling jubelt, haben andere Wiener Bezirke unterdessen wenig Grund zum Feiern: In Favoriten sind alle 18 000 Schüler in Betragen sitzen geblieben, und in Floridsdorf stürzte die Marketing-Aktion „Für jeden Fünfer ein Ottakringer" die Wiener Brauerei in einen Milliardenverlust.

 296 288 Leser   6871 Shares

> **Friedrich G.**
> Gratuliere der Frau Bezirksvorsteherin zur Eroberung des Matzleinsdorfer Platzes für Meidling.

> **Mario P.**
> Bei uns drüben gibt es nicht so hohe Ansprüche – Name und Datum richtig geschrieben – bumm zack, Matura gleich. 1120!

08.07.2017

„Großflächiger Renovierungsbedarf": Stadt Wien will G20-Gipfel nach Floridsdorf bringen

Könnte der nächste G20-Gipfel in Wien stattfinden? Mit dieser Idee lässt Michael Häupl aufhorchen. Demnach sollen sich die 19 mächtigsten Staatschefs der Welt sowie die Europäische Union in Floridsdorf treffen. Aufgrund der erwarteten Proteste könnte man bei den Abrisskosten massiv einsparen.

So bald wie möglich will Bürgermeister Häupl Staatschefs wie Trump, Putin, Merkel und Co nach Floridsdorf zu einem Spitzentreffen am Spitz einladen, um die Probleme der Welt zu diskutieren.

„In Floridsdorf hat eine Sanierung gar keinen Sinn mehr, da hilft nur mehr ein ordentlicher G20-Gipfel", so Häupl. „Vielleicht finden sich ja engagierte Linksradikale, die sich von Polizeiuniformen provoziert fühlen und a poar Gebäude demolieren und Autos anzünden", hofft der Bürgermeister.

Häupl kann sich auch vorstellen, den Autonomen mit Geld aus dem Wohnbaufonds mehrere Molotow-Cocktails zur Verfügung zu stellen, damit sie diese nicht selber mitnehmen müssen.

Euphorie

Unter den Autonomen kommt die Nachricht gut an: „Wir sind gegen G20! Wir sind gegen das System! Wir sind für die Menschen! Daher werden wir ganz Floridsdorf, diesen Hort des Großkapitals, abfackeln!", meint der Autonome Sven G. (13) zur **TAGESPRESSE**.

Der Floridsdorfer Tourismus-Beauftragte Kevin Kevinowitsch ist sicher, dass sich die Gäste wohlfühlen werden: „Wir haben hier ein Sprichwort: Wenn du nach Floridsdorf kommst, weinst du zwei Mal – einmal, wenn du ankommst, und einmal, wenn du mit Pfefferspray ausgeraubt wirst."

 127 120 Leser   8793 Shares

> **Patrick D.**
> Ich hätte gedacht, der letzte G20-Gipfel WAR in Floridsdorf und deshalb schaut's dort so aus.

10.07.2017

G20-Gipfel vorbei: Deutsche können statt Autos endlich wieder Asylheime anzünden

Ganz Deutschland ist schockiert, nachdem autonome Linksextreme mitten in Hamburg mehrere Autos in Brand gesteckt haben. Doch heute kann die deutsche Bevölkerung endlich wieder zur Tagesordnung übergehen und ganz normal Asylheime anzünden.

Politik und Medien sind sich einig: Die Proteste gegen den G20-Gipfel waren das Schlimmste, was Deutschland seit dem Zweiten Weltkrieg passiert ist, wenn nicht sogar schlimmer.

„Wer unsere Autos attackiert, der attackiert unsere deutschen Grundwerte wie Eigentum, Exportüberschuss und Rundumschutz-Vollkaskoversicherung", schrieb auch das rechts-konservative Meinungsblatt *Der Spiegel* empört.

Anarchisten abgezogen
Ein Hamburger Betroffener zeigt sich auch am Tag danach noch traumatisiert: „Ich musste mit ansehen, wie meine Kleinsten vor meinen Augen verbrannt sind: Mein Golf, mein Mini – sie

waren alles, was mir lieb war! Jetzt habe ich nur noch meine Frau, meine zwei Kinder, mein Haus und meinen Mercedes."

Politik reagiert

Kanzlerin Merkel ist vor allem von der Vorgehensweise der Autonomen entsetzt: „Die Gewalt kam spontan, wurde nicht bei der Behörde angemeldet. Wenn die Nazis im Osten Asylheime anzünden, ist der Verfassungsschutz immer eingeweiht. Aber so was wie in Hamburg, das darf nicht passieren!"

Deutschland steht immer noch unter Schock. Heute Abend plant Hamburgs Mittelstand ein Lichtermeer: Bis zu 80 000 Porsche Cayenne werden mit Fernlicht durch die Innenstadt rollen und ihrer verlorenen Kameraden gedenken.

 144 295 Leser   10 811 Shares

> **Ilona L.**
> „Ein extrem wichtiges Thema. Ich sage Ihnen ganz ehrlich: Ob Links- oder Rechtsextremismus – da sehe ich keinen Unterschied."
> „Doch, doch!", ruft das Känguru laut dazwischen. „Es gibt einen Unterschied: Die einen zünden Ausländer an, die anderen Autos. Und Autos anzünden ist schlimmer. Denn es hätte mein Auto sein können. Ausländer besitze ich keine."
> Marc-Uwe Kling

> **Sepp W.**
> Schlimmer als die angezündeten Autos und die geplünderten Supermärkte ist für uns Deutsche echt nur die Tatsache, dass das alles ohne behördliche Genehmigung passierte!

19.07.2017

Nach Österreich-Sieg bei Frauen-EM: „Söhne" werden aus Bundeshymne gestrichen

Nach dem sensationellen Sieg des ÖFB-Teams gegen die Schweiz bei der Fußball-EM reagiert die Regierung und lässt die „Söhne" aus der Bundeshymne streichen. Ab sofort werden nur mehr die „großen Töchter" besungen. Dies wurde bei einem Sonderministerrat beschlossen.

„Die Hymne besingt auch ‚große Söhne', aber von denen kann man derzeit nix sehen", erklärt Kanzler Christian Kern. „Ich sag nur: EM 2016, ein Punkt."

Schon nach einem Spiel habe das Frauenteam dreimal so viele Punkte gesammelt. Als Kompromiss habe man dem ÖFB vorgeschlagen, den Text auf „Heimat großer Töchter und Loser" zu ändern, was jedoch abgelehnt wurde.

Männer klagen
Doch nicht alle verfolgen die Frauenfußball-EM mit Freude, wie Andreas Gabalier, Sprecher des Vereins zur Bekämpfung der Förderung der Gleichberechtigung von Frauen, berichtet: „Es is schrecklich. I konn überhaupt nix mehr mochn mit mein Dirndl.

Sie sitzt en gonzn Tog in da Jogginghosn auf da Couch, schaut Fuaßboi und schreit, dass i ihr no a Bier bringen soll. I fühl mi, ois warat i zu an Objekt reduziert worden."

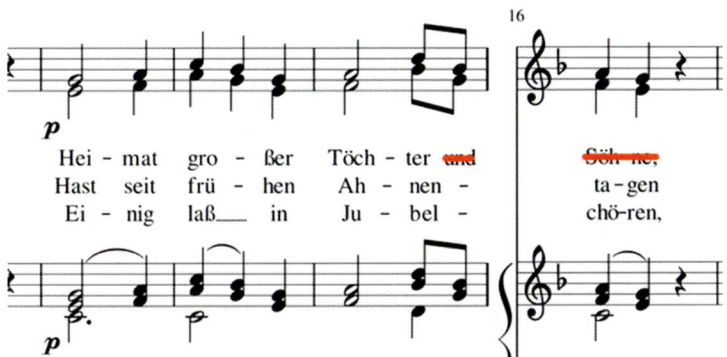

Der neue Text wurde bereits an alle Schulen und Behörden verschickt.

Für Gabalier bedeutet der neue Hymnentext einen persönlichen Rückschlag. Denn er hat fünf Jahre gebraucht, um die neue Textzeile „Heimat großer Töchter und Söhne" einzustudieren.

„Jetzt haßt's oiso: wieda von voan beginnen", meint der Volksmusiker zerknirscht, der über einen Asylantrag in Saudi-Arabien nachdenkt, „wo die Dirndln ihren Platz no kennan", so Gabalier.

Weitere Änderungen geplant
Das Parlament überlegt inzwischen sogar noch mehr Neuerungen im Text der Hymne: „Im Team der Frauenfußballmannschaft gibt es ja nicht nur Töchter. Wenn wir wirklich alle ehren wollen, dann werden wir den Text ändern auf ‚Heimat bist du großer Töchter, Schwestern, Mütter, Cousinen, Schwägerinnen, Großcousinen, Austauschstudentinnen und heimlichen Geliebten'."

130 002 Leser   17 637 Shares

Christian K.
So ist das halt, wenn die Männer in 6 EM-Spielen nur 2 Punkte machen und die Frauen in 1 Spiel 3 Punkte.

20.07.2017

Hitzewelle: Sobotkas Herz droht aufzutauen

Die Rekordtemperaturen sorgen für eine gefährliche Entwicklung: Das Herz von Innenminister Wolfgang Sobotka droht aufzutauen. Es erwärmt sich deutlich schneller als bisher befürchtet. Der Minister wird derzeit mit allen verfügbaren Mitteln gekühlt.

„Es ist einfach nur ein Wahnsinn, was da passiert", sagt Heinrich S., einer der Wiener Polizisten, die im Innenministerium seit Stunden Eisplatten in kleine Würfel knüppeln. Die Eiswürfel werden anschließend über Sobotka geleert, der benommen in einer Badewanne liegt.

„Spüre mich mehr als sonst"
Sobotka klagt bereits seit gestern, dass er sich deutlich mehr spüre als sonst: „Ich weiß nicht, was los ist, aber gestern habe ich Bilder von ertrinkenden Flüchtlingen im Meer gesehen und kurz so ein komisches Gefühl bekommen, als würde mir schlecht werden."

Stark erhöhte Körpertemperatur

Nach einer kurzen Messung der Körpertemperatur dann die beunruhigende Gewissheit: Sobotkas Temperatur war von minus 13 Grad auf bedrohliche minus 2 Grad geklettert. „Wenn das so weitergeht, wird sein Herz bald auftauen. Er könnte sogar menschliche Gefühle empfinden", warnt ein Spezialist des AKH Wien. Er zeigt der **TAGESPRESSE** einen besorgniserregenden MRT-Scan, der verdeutlicht, wie nahe die Wärme bereits zu Sobotkas Herz vorgedrungen ist.

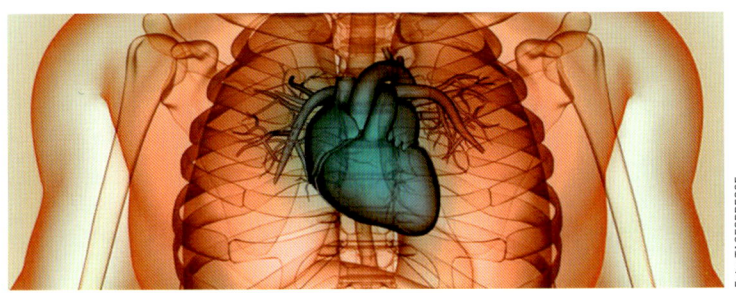

Foto: TAGESPRESSE

Gletschermumie

Wenn alle Maßnahmen nichts helfen, soll Sobotka nach Südtirol gefahren und neben die Gletschermumie Ötzi in eine Kühlzelle gelegt werden. Im Bozener Museum wird er dann bei Gletscherbedingungen konserviert, bis die Hitzewelle überstanden ist. Italien bringt bereits die Armee in Stellung, um Sobotka am Brenner zu stoppen.

 111 038 Leser    6414 Shares

> **Gerald K.**
> Das ist kein Herz. Das ist ein Waldviertler Fleischlaberl.

> **Lutz B.**
> Unmöglich. Eine der Voraussetzungen dafür, überhaupt irgendwo Innenminister zu werden, ist es ja gerade, keines zu haben …

25.07.2017

Interne Stichwahl für Bundesliste verloren: Peter Pilz verlässt Liste Peter Pilz

Nur zwei Stunden nachdem er seine Liste Peter Pilz präsentiert hat, verkündet Peter Pilz wieder seinen Austritt. Denn das Polit-Urgestein hat völlig überraschend eine interne Stichwahl um einen Platz auf der Nationalratsliste gegen einen jüngeren Kandidaten verloren.

Anstatt das Zugpferd Pilz auf einen vorderen Listenplatz zu reihen, wählten die Delegierten mit knapper Mehrheit einen bisher unbekannten Jungpolitiker. Gleich im Anschluss an die interne Wahl zog Pilz die Konsequenz und schloss ein weiteres Antreten für die Liste aus.

„Wir wollten ein Signal an die jungen Wähler senden, deshalb haben wir gegen den Silberrücken Peter Pilz gestimmt", so Julian S., ein Mitglied der Liste Pilz, das anonym bleiben will. Pilz könne jedoch immer noch „gerne" einen Vorzugsstimmenwahlkampf für die Liste Peter Pilz führen.

Umstrittene Persönlichkeit

Pilz galt intern als umstrittene Persönlichkeit, der ein Hang zu One-Man-Shows und Selbstdarstellung vorgeworfen wurde. Sein Austritt kommt für viele Listenmitglieder überraschend, manche vermuten dahinter jedoch Kalkül: „Er hätte ja auch für den Listenplatz Nummer 47 kandidieren können. Da hätte er bestimmt gewonnen."

Neue Liste

Pilz gibt sich zerknirscht und enttäuscht von seiner Partei. Er überlegt jetzt, mit einer eigenen Liste anzutreten. Auf Twitter gab er bereits erste Hinweise auf seine Pläne.

Peter Pilz ✓
@Peter_Pilz

Folge ich

Ich ziehe um. Als erster Schritt Mails bitte an: liste@Liste-Peter-Pilz-Nummer-1-sonst-niemand-nur-Peter-Pilz.at.

12:21 - 25. Juli 2017

31 Retweets 151 „Gefällt mir"-Angaben

💬 22   ↻ 31   ♡ 151   ✉

122 076 Leser   ➤ 5874 Shares

Karin G.
Tja. Alte Männer, die Macht aufgeben sollen, sind schon ein etwas erbarmungswürdiger Anblick.

Lutz B.
Dann sollte er unbedingt mit der Liste Pilz Peter antreten …

28.07.2017

Urlaub am Land: Wiener verbringt Ferien in Graz

Raus aus dem Großstadtdschungel, hinein in die Landidylle! Der Wiener Angestellte Markus G. (31) hat sich für Urlaub am Land entschieden. Er verbringt zwei ruhige Wochen abseits des Trubels und Lärms im beschaulichen Graz, einem Ort in der Steiermark.

„Es ist überwältigend", meint Markus zur **TAGESPRESSE**. „Schon auf der Hinfahrt mit dem Railjet sieht man so viele Dinge, zum Beispiel dieses Feld hier, wo Hugo angebaut wird."

Hugo-Felder

Einfach abschalten

Nur wenn Markus aufs Land fährt, kann er seine innere Mitte finden und abschalten: „Ich bin ja eigentlich gar kein Stadtmensch, sondern voll der Naturbursche. Es stört mich überhaupt nicht, dass die Straßenbahn nur alle sieben Minuten kommt oder dass man manchmal nicht 4G-, sondern nur 3G-Internet hat."

Als Quartier hat er sich eine einfache Vier-Sterne-Hütte am Fuße des imposanten Schlossbergs ausgesucht, der mit seinen stolzen 123 Metern über Graz thront. Der Ort ist kein Zufall. Denn schon seit über einem Jahr bereitet sich der Wiener auf den Aufstieg des Berges per Lift vor: „Da oben am Gipfel ist die Luft schon sehr dünn."

Fauna
Auch die Tierwelt am Land begeistert den jungen Wiener. „Auf einer Drei-Kilometer-Tagestour ins Grüne hab' ich diese merkwürdigen Kühe mit extrem langen Beinen entdeckt", sagt er und zeigt uns ein Foto.

„Leider haben sie sich nicht melken lassen", gibt sich Markus enttäuscht.

Merkwürdige Kühe

Kulinarische Höhenflüge
Am Ende eines langen Tages entdeckt Markus die örtliche Kulinarik und belohnt sich in einem örtlichen McDonald's mit einem Big-Mac-Menü und einem Zipfer Orangen-Radler.

„Ich kann Urlaub am Land wirklich jedem ans Herz legen", resümiert Markus. Trotzdem steigt ihm die extreme Abgeschiedenheit von Graz manchmal zu Kopf.

Nächstes Jahr will der Wiener wieder Urlaub am Land machen. Dann allerdings in Liesing.

 161 666 Leser  8962 Shares

> **Ian W.**
> die einheimischen vom volk der steirer sind auch sehr freundlich. ich nehme immer einige glasperlen mit, um sie zu beeindrucken.

31.07.2017

„Wahlkampfteam braucht jetzt Ruhe": Kern ruft Cobra ins SPÖ-Büro

Nach tumultreichen Tagen will Kanzler Christian Kern sich und seiner Partei eine wohlverdiente Verschnaufpause gönnen. Daher wählte er vergangene Nacht den Polizeinotruf und erbat Unterstützung des Sondereinsatzkommandos Cobra.

„Unruhe? Ach wo! Im Wahlkampf kochen schon einmal die Emotionen hoch", lacht Christian Kern entspannt, während zwei Cobra-Zugriffsteams durch die Fenster in sein Büro eindringen. „Da muss man sich auch einmal Zeit geben, um durchzuatmen. Und wenn es sein muss, auch mit Waffengewalt."

Um der Partei größtmöglichen Raum zur Entspannung zu geben, sperrte die Polizei ein großräumiges Gebiet in der Wiener Innenstadt ab. Auch der Flugverkehr über Wien wird umgeleitet.

Feuergefecht in der Löwelstraße

Zur Stunde arbeiten sich die Zugriffsteams in der Löwelstraße von Raum zu Raum. „Wir stoßen auf sehr heftigen Widerstand", berichtet Cobra-Veteran Manfred, der in seinen zwölf Jahren bei der Einheit schon 28 Menschen erfolgreich erschossen hat.

Die Polizei hofft, bis zum frühen Abend die letzten Widerstandsnester der verbliebenen Faymann-Loyalisten im zweiten Stockwerk komplett überwältigt zu haben.

Denn nur so können die Behörden alle Kräfte bündeln und ins dritte Stockwerk vordringen. Dort soll sich der mächtige Clanchef Michael Häupl mit seinen engsten Mitstreitern eingebunkert haben. „Er kämpft besonders verbissen. Für ihn ist es sein letztes Gefecht", so ein Polizeisprecher.

SPÖ-Chef entspannt
Während die Zahl der Opfer auf beiden Seiten ansteigt, beobachtet Christian Kern das Geschehen am Ballhausplatz aus sicherer Distanz beim Würstelstand. „Die Burschen sollen sich das ausmachen!", lacht er bei einem Bier.

Foto: TAGES·RESSE

„Ich bin mir sicher, in zehn Jahren, wenn wir dann alle gemütlich beim U-Ausschuss zusammensitzen, werden wir lachend zurückblicken und sagen: Wisst ihr noch, als wir uns damals nicht zusammenraufen konnten, und dann kam im Herbst Schwarz-Blau? Hahaha!"

 81 507 Leser 1020 Shares

> **Manfred B.**
> Also ich möchte da jetzt was richtigstellen: Es waren 30, nicht 28.

31.07.2017

Endlich auch im Halbfinale: ÖFB-Herren dürfen als Balljungen ins Stadion einlaufen

Nach dem sensationellen Aufstieg des Frauenteams bei der Fußball-EM gibt es jetzt auch für das Herrenteam des ÖFB Grund zur Freude: Die Spieler dürfen ebenfalls erstmals an einem EM-Halbfinale teilnehmen und werden vor Spielbeginn als Balljungen mit dem Frauenteam ins Stadion einlaufen.

Top motiviert

„Wir haben sehr lange auf diesen Moment hintrainiert und sind top motiviert", erklärt Teamkapitän Julian Baumgartlinger. Auch Marko Arnautovic pflichtet bei: „Halbfinale bei einer EM, davon träumt man seine ganze Karriere lang, und dann passiert es plötzlich wirklich. Es ist einfach ein Traum, der in Erfüllung geht."

Diskussionen gibt es nach wie vor um die Teamaufstellung: Marcel Koller will Superstar David Alaba unbedingt in der ersten Reihe platzieren. Doch Kritiker meinen, dass Alaba in der Defensive stärker ist und in der fünften Reihe besser aufgehoben wäre.

Glück für Koller: Er darf während des Einlaufs bis zu drei Spieler auswechseln und kann daher währenddessen taktisch umdisponieren.

Gleichberechtigung?
Beim Frauenteam wird die Entscheidung mit gemischten Gefühlen aufgenommen. „Klar bin ich für Gleichberechtigung des schwächeren Geschlechts", meint Stürmerin Nina Burger. „Allerdings weiß ich nicht, ob es beim Herrenteam konditionell für den Einlauf ins Stadion ausreicht."

Damit nichts schiefgeht, befindet sich das Herrenteam bis Donnerstag im Trainingslager. Am 3. August hofft dann ganz Österreich, dass die ÖFB-Damen das Finale erreichen – und die ÖFB-Herren die Spielfeldmitte.

 146 309 Leser 25 407 Shares

Sepp W.
Das wäre ein schlechter Einfluss auf die Frauen. Das Herrenteam sollte man möglichst weit weg halten!

Simon K.
Wenn die Mädels heimkommen, sollte das Herrenteam eigentlich so oder so Spalier am Flughafen stehen und Ehrenbezeugung leisten!

02.08.2017

Türschild-Beauftragter im Weißen Haus erleidet Burn-out

Schon seit 25 Jahren ist Juan Gonzales (44) für alle Türschilder im Weißen Haus zuständig. Doch die Arbeitslast der letzten drei Wochen ging nicht spurlos an ihm vorüber. Seit heute befindet er sich wegen eines schweren Burn-outs in medizinischer Behandlung.

„Priebus, Spicer, Scaramucci, Kelly: Ich kann einfach nicht mehr. Ich bin am Ende", seufzt Juan Gonzales, während er von Sanitätern in den Rettungswagen geschoben wird.

„Niemand schätzt hier meine Arbeit. Kaum bin ich mit einem Türschild fertig, muss ich es gleich wieder in den Müll werfen", beschwert er sich unter Tränen über fehlende Anerkennung.

Für Gonzales wird nun dringend Ersatz gesucht. Die Märkte reagierten zwischenzeitlich mit starken Kursverlusten auf den Ausfall. Denn der hohe Bedarf an Türschildern hat die schwächelnde US-Stahlbranche in den letzten Monaten massiv angekurbelt. Analysten rechnen jetzt mit Einbrüchen.

Doch der Nachfolger muss sich auf eine hohe Arbeitslast gefasst machen. Denn Trump hat den roten Knopf in seinem Büro umfunktionieren lassen: Bei Knopfdruck werden jetzt keine Atomraketen mehr gestartet, sondern Kabinettsmitglieder gefeuert.

 134 977 Leser   7959 Shares

> **Britta K.**
> Wie wäre es mit einer Klorolle statt dem Türschild? Bei der Menge von Namen – einfach zum Abreißen!

> **Karl B.**
> ab morgen kommt dort ein bildschirm mit digitalem namensschild, welches stündlich auf den neuesten stand gebracht wird.

04.08.2017

Dieselautos zu schmutzig: VW präsentiert neues Modell mit Kohleantrieb

Endlich ist eine Lösung im Abgasskandal in Sicht: Der deutsche Autokonzern Volkswagen wird ab sofort keine Dieselautos mehr verkaufen. Stattdessen setzt der Konzern auf Modelle mit einem neuartigen Kohleantrieb.

„Das ist ein Meilenstein der Klimapolitik", erklärt VW-Chef Müller stolz. „Nie wieder Verschmutzung durch Diesel!" Schon ab 2019 wird Volkswagen alle Dieselmotoren durch einen Braunkohleantrieb ersetzen.

„Der neue VW Polo zum Beispiel verbraucht dann auf 100 Kilometer nur 78 Kilo Kohle. Außerdem werden wir sämtliche Autos in grünem Lack anbieten, um den Umweltschutzgedanken zu symbolisieren."

Politik zufrieden

Auch die deutsche Kanzlerin Merkel zeigt sich erfreut über den Ausgang des Dieselgipfels: „Die Politik beschließt ja nicht zum Spaß Gesetze. Wenn Konzerne betrügen, dann dürfen sie das nicht einfach verheimlichen. Sie müssen uns das im Rahmen eines Treffens bei Shrimps und Sekt erklären, damit Politik und Wirtschaft gemeinsam eine Lösung finden können, um die Bevölkerung zu täuschen."

Dieselautos auf Rückzug
Dieselautos sind derzeit weltweit im Visier der Politik. Auch in Österreich denkt man über strengere Gesetze nach, wie Umweltminister Rupprechter erklärt: „Wir sprechen hier von Fahrverboten an jedem siebten 29. Februar. Aber auch totale Fahrverbote für Dieselfahrzeuge in Fußgängerzonen sind möglich."

Studien belegen, dass derartige Maßnahmen den Klimawandel und den Untergang der Menschheit um drei bis fünf Sekunden verzögern könnten.

 117 408 Leser   5421 Shares

> **Österreichischer Chemtrailpilotenverband**
> Solange hinten keine Chemtrails rauskommen, ist alles im grünen Bereich. Das ist nämlich unser Job.

> **Tobias M.**
> VW Kolo?

11.08.2017

UNGLAUBLICH: Mann verdient 8750 Euro im Monat mit diesem einfachen Trick

Wahnsinn! Während andere Menschen vom bequemen Leben nur träumen können, hat sich der Tiroler Robert Lugar seinen Traum erfüllt: Er verdient schon seit Jahren 8750 Euro im Monat. Jetzt packt er gegenüber der **TAGESPRESSE** aus und verrät uns sein Geheimnis.

Der Weg zur finanziellen Unabhängigkeit ist einfacher, als man denkt. „Als Erstes nimmst du dir dein Rückgrat raus und schmeißt es in die Tonne. Du brauchst es nicht", erklärt uns Lugar.

„Dann gehst du ins Parlament und kriechst irgendeiner Partei so tief in den Oasch rein, bis du feststeckst und nicht mehr rauskommst." Schon hat man den Posten in der Tasche!

Seit 2008 sitzt er als Abgeordneter im Parlament. Lugar, dem vor der FPÖ schon beim BZÖ und dem Team Stronach dasselbe Kunststück gelang, ist begeistert: „Fünf Stunden Arbeit die Woche, freie Zeiteinteilung, manchmal arbeite ich von zu Hause. Jeder, der einer normalen Arbeit nachgeht, ist für mich ehrlich gesagt ein Vollkoffer."

Ausbildung oder Vorkenntnisse sind keine notwendig: „Im Parlament arbeiten viele verschiedene Leute: Beamte, ungelernte Hilfsarbeiter, Arbeitslose. Lauter Leute, die so wie ich am Arbeitsmarkt keine Chance hätten."

Lugar hat es geschafft. Er strahlt Reichtum und Selbstvertrauen aus. Seine Leistung zeigt: Für Erfolg braucht man in Österreich weder Bildung noch Seilschaften. Oft reicht es auch einfach, seine Würde würdevoll abzulegen.

 252 592 Leser 17 838 Shares

Lumpazi V.
Lugars Geheimplan ist es indes, die Parteien, bei denen er „tätig" ist, von innen heraus zu zerstören. Nach der FPÖ wird sich Lugar der Liste Furz annehmen.

Rainer H.
Wobei, kleine Korrektur, das geht auch nur bei einer Partei, die wirklich alles nimmt, wie man an Ursula Stenzel sieht.

14.08.2017

Foto: TAGESPRESSE

Nach Verhaftung: Kern liefert Silberstein „Pizza alla Feile" ins Gefängnis

Nach der Verhaftung des Politikberaters Tal Silberstein springt ihm jetzt Kanzler Christian Kern zur Seite: Er liefert Silberstein zur Aufmunterung eine selbst gebackene „Pizza alla Feile" ins Gefängnis.

Die israelischen Justizwachebeamten begrüßen die Aktion des Kanzlers. „Er hat uns sogar ein Stück angeboten. Es war sehr lecker, aber irgendwas Hartes war drinnen, ich hab' mir zwei Schneidezähne ausgebissen", sagt einer von ihnen und lacht. Kern selbst will das Geheimrezept nicht verraten: „Ich sag nur so viel: Meine ‚Pizza alla Feile' ist sehr eisenhaltig. Aber die Zutaten bleiben mein Geheimnis."

Kampagne geht weiter
„Mein Mandant Tal Silberstein hat die Pizza sehr genossen", verrät sein Anwalt. Zu den Vorwürfen sagt er nur, Silberstein hätte sich nur geholt, was ihm zustehe: „Er hat auch schon weitere Ideen für SPÖ-Slogans." Noch diese Woche werden die neuen

Plakate mit Sprüchen wie „Eat the Poor" oder „Investoren aller Länder, vereinigt euch" in ganz Österreich plakatiert.

Neuer Berater
Obwohl Christian Kern seinen Berater verteidigt, schadet ihm die negative Presse. Der Kanzler hat seine Lektion gelernt: „In Zukunft arbeite ich nur noch mit SPÖ-Leuten zusammen, die eine weiße Weste haben." Mit sofortiger Wirkung wird daher der langjährige Salzburger Bürgermeister Heinz Schaden den Wahlkampf managen.

145 192 Leser 13 174 Shares

Antonio M.
Unbestätigten Gerüchten zufolge wurde Kern außerdem in der ÖBB-Zentrale bei der Anprobe der neuen ÖBB-Uniformen gesichtet.

Florian S.
„Eine Mafioso, extra scharf, bitte!"

INLAND | INTERNATIONAL | WIRTSCHAFT | CHRONIK

16.08.2017

„Vertraue nur Quereinsteigern": Kurz lässt sich Blinddarm von Dr. Oetker entfernen

Schluss mit Berufsärzten! Was Sebastian Kurz bei der Listenerstellung der ÖVP vorlebt, setzt er jetzt auch in anderen Bereichen seines Lebens um. Damit seine Botschaft ankommt, lässt er sich jetzt sogar von einem Medizin-Quereinsteiger den Blinddarm entfernen. Der etwa zweistündige Eingriff soll von Dr. Oetker vorgenommen werden, der bisher nur als Lebensmittelproduzent bekannt war.

„Die Menschen haben Berufsärzte einfach satt. Sie wollen neue Lösungen statt alte Rezepte", erklärt Sebastian Kurz am Operationstisch. Dann verabreicht ihm Dr. Oetker eine Vollnarkose, indem er ihm mit einer eiskalten Tiefkühlpizza auf den Hinterkopf schlägt.

Während der Operation wacht Kurz mehrmals auf und beginnt zu schreien. Dr. Oetker betäubt ihn, indem er ihm einen Pizzaburger unter die Nase hält. Nach dem Eingriff klebt Dr. Oetker den Außenminister mit Tixo wieder zu.

Neue Quereinsteiger

Als Kurz nach der Operation wieder aufwacht, zeigt er sich begeistert, klagt jedoch auch über schweres Fieber und Schüttelfrost. Im Fieberwahn verkündet er weitere Promi-Quereinsteiger: „Andi Goldberger wird Kokainminister, der alle Importe nach Österreich überprüft. Und Eislady Estibaliz C. wird Wirtschaftsministerin, weil ich wen brauch', der politisch mauern kann."

Dann wird er von seinem neuen Leibarzt Dr. Gruselglatz abtransportiert.

 228 025 Leser   43 509 Shares

> **Zlatko S.**
> Der Genitalherpes wird dann von Dr. Sommer behandelt.

> **Manuel C.**
> Hey, hey, hey! Der gute Dr. Oetker ist ein verdammt guter Arzt! Erst letztens hat er mir einen Finger amputiert, als ich Fieber hatte. Seitdem geht es mir wieder besser. Also Vorsicht, was ihr da schreibt!

18.08.2017

Trump reagiert auf Barcelona-Terror: „Beide Seiten sind schuld"

Nach dem Terroranschlag in Barcelona reagiert jetzt US-Präsident Donald Trump. In einer ersten Reaktion erklärte er, sowohl Terroristen als auch Passanten seien schuld an der Gewalt. Er wolle nicht moralisch urteilen.

„Die Gewalt geht von vielen Seiten aus: radikale Islamisten auf der einen Seite und diese ultranormalen Passanten auf der anderen." Mit dieser Aussage über den Terroranschlag in Barcelona sorgt US-Präsident Trump heute für Aufregung.

Viele offene Fragen

„Man muss auch genau untersuchen", so Trump weiter. „Warum haben diese Frauen und Männer in ihren Badeshorts ausgerechnet dort Sangria getrunken, wo die Terroristen mit dem Auto gefahren sind?"

Trump zufolge sei die Gewalt der Islamisten zwar zu verurteilen: „Aber: Haben Sie den Lieferwagen gesehen? Er ist total zerdellt. Die Scheiben sind kaputt. Traurig!"

Unter den Opfern befinden sich zwei Amerikaner. Trump verspricht ihren Familien Hilfe: „Wo auch immer die Selbstmordattentäter jetzt sind, wir werden sie finden und zur Strecke bringen!"

Auch gegen politische Gegner teilte er aus: „Es mag sein, dass diese Islamisten 15 Leben ausgelöscht haben. Aber niemand berichtet über Hillary Clinton, die Tausende E-Mails gelöscht hat! Warum berichten die Fake-News-Medien nicht darüber?"

 150 490 Leser 5291 Shares

> **Elisabeth E.**
> Menschen sind gestorben oder verletzt. Ihre Familien trauern. Das ist kein Grund für Satire.

> **Ernst S.**
> Noch besser als der Artikel sind fast die empörten Kommentare jener Kleingeister, die meinen, hier ginge Satire zu weit. Es wird sich mit keiner Zeile über die Opfer lustig gemacht, sondern lediglich über Trumps Dummheit.

22.08.2017

Wer ist dieser Mann? Unbekannter gibt sich in ORF-Sommergespräch als Politiker aus

Wer ist dieser Mann nur? Einer völlig unbekannten Person gelang es gestern, ins Studio der ORF-„Sommergespräche" einzudringen und fast eine Stunde lang vor der Kamera zu sprechen. Der Vorfall zeigt schwere Sicherheitslücken auf. Denn im selben Studio halten sich sonst nur wichtige Politiker auf.

Tarek Leitner sitzt fassungslos in seiner Garderobe. „Ich weiß nicht, wie mir das passieren konnte", gibt er sich kleinlaut.

Leitner interviewte den Mann wie einen relevanten Spitzenpolitiker – eine Kurzschlussreaktion: „Ich war überrumpelt. Er hat dieselben abgedroschenen Phrasen verwendet wie andere Politiker. Fairness, Freiheit, Fortschritt, blablabla. Und ich hab' nicht kritisch nachgehakt, es war also alles wie immer." Leitner starrt apathisch ins Leere.

Absurde Forderungen

Der Unbekannte sorgte mit wirren Statements für Aufsehen. So forderte er ein „Fahrsicherheitstraining" für Sebastian Kurz, weil ihn dieser angeblich rechts überholt hatte. Außerdem kramte er einen Bierdeckel hervor und verlas ein darauf gekritzeltes „Wirtschaftsprogramm".

Fahndung eingestellt
Anschließend verließ der Unbekannte das Studio, noch bevor seine Identität festgestellt werden konnte. Nach seinem kurzen Ausflug ins Rampenlicht verschwindet er wieder in die Bedeutungslosigkeit. Die Polizei wertet derzeit das Videomaterial aus. Doch weitere Ermittlungen werden wegen der Irrelevanz des Vergehens derzeit ausgeschlossen.

 221 958 Leser 11 286 Shares

> **Jens H.**
> Das ist AC Strachl, ehemaliger Kieferorthopäde, leidet unter schweren Wahnvorstellungen, ist aber ungefährlich. Bei Begegnung ihn einfach reden lassen und höflich nicken. Irgendwann wird ihm fad und er schläft ruhig ein. Dann Flucht ergreifen und die nächsten Ordnungswachen kontaktieren.

29.08.2017

Kurz will Wahlprogramm nach der Wahl präsentieren

Endlich liefert der ÖVP-Chef eine klare Ansage: Sebastian Kurz will sein Wahlprogramm nach der Wahl, am 16. Oktober präsentieren.

„Ich will verhindern, dass das Programm den Wahlkampf beeinflusst", erklärt Kurz seine Entscheidung in der „Pressestunde". Damit keine Wahlentscheidung durch seine Positionen geändert wird, will er erst verraten, wofür er steht, wenn das Land zur Ruhe gekommen ist.

Doch ÖVP-Insidern zufolge hat die Verspätung andere Gründe: „Kurz wollte, dass wir das Programm wie im Jusstudium in einer Gruppenarbeit schreiben. Aber in jeder Gruppe gibt's eben einen, der die Arbeit erledigt, und einen Sebastian Kurz", so ein anonymer Funktionär. Dadurch sei es zur Verspätung gekommen.

Die ÖVP nutzt die Verzögerung geschickt aus. Unter dem Motto „Zeit für Überraschungen" wird der Wahlkampf derzeit strategisch umgekrempelt. Wahlkampfhelfer verteilen im ganzen Land Überraschungseier.

Unter ÖVP-Wählern kommt das gut an: „Vollstes Verständnis von mir! Ich lass' mich gern überraschen", erklärt die Grazer Unternehmerin Gerlinde H. (56). „Die von Coca-Cola können ja auch nicht ihr Geheimrezept verraten. Dann würd's ja keiner mehr kaufen, wenn jeder weiß, was da für ungesunder Müll drinnen ist."

 144 059 Leser   20 543 Shares

> **Michael D.**
> Hat er nicht schon das Wahlprogramm der FPÖ kopiert und seinen Namen daruntergesetzt?!

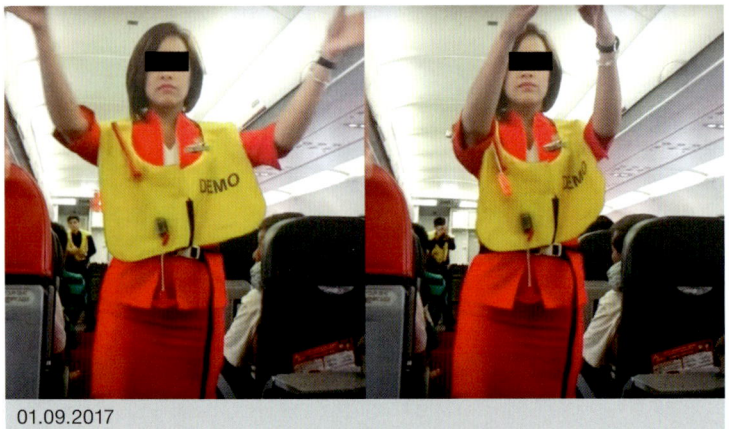

01.09.2017

Stewardess gesteht: „Tanze bei Sicherheitsvorführung immer einfach YMCA"

Wer passt schon bei den Sicherheitshinweisen vor jedem Abflug auf? Offenbar nicht einmal die Flugbesatzung selbst. Eine Wiener Stewardess gesteht jetzt, schon seit Jahren keinem Passagier den nächsten Notausgang zu zeigen. Stattdessen tanzt sie einfach den Kulthit „YMCA". Aufgefallen ist das bisher niemandem.

„Es passt ja ohnehin kein Mensch auf", rechtfertigt sich Antonia H. (26) gegenüber der **TAGESPRESSE**. „Ich hab' nie gelernt, wie das richtig geht. Als sie uns in der Ausbildung die Sicherheitsvorführung demonstriert haben, hab' ich aus dem Fenster geschaut."

Überschätztes Risiko

Bei ihrem Arbeitgeber Austrian Airlines sieht man das Verhalten der Mitarbeiterin entspannt. „Schauen Sie, es passiert ja eh fast nie etwas", erklärt der AUA-Sicherheitsbeauftragte Gerhard Bayer. „Und wenn doch einmal etwas passiert, sind meistens eh alle Menschen an Bord verloren. Da helfen die besten Sicherheitsanweisungen nichts."

Doch wie konnte Antonia H. ohne dieses Wissen überhaupt die Ausbildung bestehen? Bayer: „Ich muss zugeben: Immer wenn unsere Prüflinge beim Abschlussexamen die Sicherheitsvorführung machen, lese ich im Bordmagazin."

Pragmatismus

Das Thema wirft Fragen auf. Nehmen wir Sicherheit im Flugzeug viel zu ernst? Ein langjähriger Pilot einer anderen Airline stimmt zu: „An Bord ist schon längst Pragmatismus eingekehrt. Wenn auf einem langen Flug die Trinkbecher ausgehen, werden schon einmal die Sauerstoffmasken umfunktioniert." Und auch die Schwimmwesten unter den Sitzen finden häufig Verwendung als bequeme Nackenstützkissen.

Auch Stewardess Antonia H. denkt nicht daran, künftig die Notausgänge zu zeigen: „Ich übe derzeit an neuen Songs und will demnächst am Flug nach London ‚Single Ladies' von Beyoncé tanzen."

118 787 Leser   11 798 Shares

04.09.2017

Fair: Tarek Leitner fährt mit Sebastian Kurz auf Ibiza-Urlaub

Nach Medienberichten über einen zweiwöchigen Ibiza-Urlaub 2015 von ORF-Moderator Tarek Leitner mit dem späteren Kanzler Christian Kern soll jetzt die Fairness wiederhergestellt werden. Leitner fährt daher auf einen zweiwöchigen Urlaub mit Sebastian Kurz.

„Ausgewogenheit ist alles. Nicht nur in der Berichterstattung, sondern auch im Privatleben", sagt Leitner, der gleich am Dienstag nach dem letzten „Sommergespräch" mit dem Kanzler den Flieger nach Ibiza mit Kurz nehmen wird.

Dichtes Programm
Gemeinsam mit der ÖVP hat sich der Küniglberg auf ein dichtes Programm geeinigt: Am ersten Tag wollen Leitner und Kurz gemeinsam Flüchtlinge aus dem Mittelmeer retten und zurück nach Afrika schicken. Die Abende lassen sie dann gemütlich bei 14 Gin Tonic und sechs Kübeln Sangria ausklingen.

Kurz freut sich bereits, stellt jedoch klar: „Nicht am Programm steht Dirty Campaigning. Das ist nicht mein Stil. Immer wenn ich Haselsteiner-Spenden an die SPÖ erfinde, dusche ich nämlich vorher. Da ist also alles sauber."

Opposition mit von der Partie
Um die Opposition nicht zu benachteiligen, wird Leitner auch mit den anderen Parteien Zeit verbringen. Gemeinsam mit Strache will er an einem Lichtermeer gegen Rechtsextremismus vor dem Büro von Sebastian Kurz teilnehmen.

Mit den NEOS wird Leitner Trinkwasser an Sozialhilfeempfänger verkaufen. Und die Grünen wird Leitner auf den Wiener Zentralfriedhof begleiten, wo sie heute ihre politische Zukunft zu Grabe tragen.

 136 004 Leser   14 739 Shares

> **Julian R.**
> Endlich will jemand mal mit Sebastian Kurz einen Urlaub verbringen!

> **Robert K.**
> Dann kann der Tarek ja wieder seine Kinder mitnehmen, mit dem Basti ham's einen Gleichaltrigen zum Spielen ...

07.09.2017

Foto: TAGESPRESSE

Kniefall vor Muslimen? Kindergarten schenkt kein Bier mehr an Kinder aus

So weit ist es also schon gekommen! Kinder in einem Kindergarten in Amstetten bekommen ab sofort kein Bier mehr zum Mittagessen. Die Begründung: Man will Rücksicht auf die religiösen Vorschriften von muslimischen Kindern nehmen, die keinen Alkohol trinken dürfen. Die FPÖ spricht von einem Kniefall und warnt jetzt vor der schleichenden Islamisierung.

„Ja, es stimmt", bestätigt die Kindergartenleitung in einem Schreiben an die Eltern. „Da wir ein multikultureller Kindergarten sind, dürfen sich unsere Kinder nicht mehr mit Alkohol berauschen, sondern nur mehr mit Fliegenpilzen und Hustensaft."

Die FPÖ bezeichnet die Affäre als Skandal: „Was nehmen sie unseren Kleinsten unter dem Banner der Toleranz als Nächstes weg?", beschwert sich FPÖ-Bezirksvorsitzender Ernst Grauschädl. „Die Zigaretten? Das Jagdgewehr? Darf ich in diesem Land nicht einmal mehr in Ruhe meinen Neger im Hemd essen?"

Unterwanderung
TAGESPRESSE-Recherchen belegen: Das Bierverbot im Kindergarten ist nur die Spitze des Eisbergs. Eine Mutter erzählt Schockierendes: „Schon seit Längerem ist die Einrichtung muslimisch unterwandert. Das Spiel ‚Reise nach Jerusalem' wurde längst durch ‚Reise nach Mekka' ersetzt. Die Kinder müssen um einen schwarzen Karton laufen, und der Verlierer wird geschächtet."

Grüne fordern Verständnis
Die grüne Bezirksvorsitzende von Amstetten Gundula Ayurveda fordert eine Versachlichung der Debatte. „Das Schächten des verlierenden Kindes ist Teil einer spielerischen Annäherung an andere Kulturen", erklärt sie und wünscht sich mehr gegenseitiges Verständnis.

Kompromiss
Der mediale Druck auf die Einrichtung scheint jedenfalls Wirkung zu zeigen. Gegen Redaktionsschluss verkündet der Kindergarten einen Kompromiss: „Nach einer Neubewertung der Lage haben wir entschieden, ab sofort kein Bier mehr auszuschenken, sondern nur mehr Heineken."

 167 678 Leser 21 851 Shares

> **Peter R.**
> So weit ist das schon!!!!111 Als ich das meiner Kleinen erzählt habe, ist ihr das Glas Cola-Rum aus der Hand gefallen.

> **Fritz W.**
> Sofort schließen, wie kann man den armen Kindern HEINEKEN geben? Das ist ja schwerste Kindesmisshandlung!!

11.09.2017

Böse Intrige? Rainer Pariasek wird Sonderberichterstatter für Hurrikan Irma

ORF-Sportreporter Rainer Pariasek berichtet ab heute als Sonderberichterstatter aus dem Auge von Hurrikan Irma. Die Personalie sorgt unter Branchenkennern für Stirnrunzeln: Wurde Pariasek wieder Opfer einer bösartigen Intrige am Küniglberg?

„Nein, das ist keine Intrige gegen Herrn Pariasek", dementiert ORF-Boss Alexander Wrabetz. „Pariasek gilt bei uns im Haus als ausgewiesener Experte für heiße Luftströmungen. Ich will fast sagen, seine Karriere befindet sich im Aufwind."

Liveschaltung

Bereits in der Zeit im Bild um neun Uhr meldete sich Pariasek mit einer ersten Liveschaltung aus Florida. In einem Interview will er dem Hurrikan einige Antworten entlocken: „Frau Irma, wie lange haben Sie sich vorbereitet? Was sind Ihre nächsten Ziele? Sie wirken sehr stürmisch. Wo haben Sie heute Zeit liegen lassen?"

Meteorologen melden unterdessen, dass der Hurrikan überraschend seine Laufbahn verändert hat: Gegen 09.12 Uhr österreichischer Zeit drehte er sich um 90 Grad und zog mit rasender Geschwindigkeit hinaus auf den Atlantik, wo er sich ertränkte.

Hurrikan Irma

Ein Zusammenhang mit Rainer Pariasek ist derzeit unklar. Jetzt beginnen in Florida die Aufräumarbeiten. US-Präsident Donald Trump versprach bereits Milliardenhilfen für die Opfer von Pariasek-Interviews.

 121 945 Leser   7467 Shares

> **Manfred K.**
> „Nau we arwe in the Ei of the Harrican."

> **Christoph P.**
> „… änd nau we hef piktschas of harricän örma … or we hef not … oh! ä interwiu …"

12.09.2017

Statt Mauer kommt Anti-Terror-Pfosten: Sobotka stellt sich selbst vor Kanzleramt

Nach dem Baustopp der Anti-Terror-Mauer wird zukünftig ein Anti-Terror-Pfosten für Sicherheit sorgen. Innenminister Wolfgang Sobotka stellt sich daher selbst vor das Kanzleramt und die Präsidentschaftskanzlei, um Terroranschläge mit Fahrzeugen zu verhindern.

„Diese Lösung ist deutlich kostengünstiger", erklärt ein Regierungssprecher. „Die Anti-Terror-Mauer hätte 1,5 Millionen Euro gekostet. Ein Bundesminister dagegen kostet pro Monat nur 17 511,50 Euro."

Laut Verfassungsschutz zeigt die Lösung bereits Wirkung: „Siebzig Dschihadisten haben freiwillig das Land verlassen oder sich bei der Polizei gestellt und Untersuchungshaft beantragt, um vor Sobotka sicher zu sein", erklärt Direktor Peter Gridling zufrieden. In Verhören sagen die Verdächtigen aus, sie hätten „keine Lust mehr auf den Psychoterror".

Nicht zufrieden mit der Lösung ist jedoch Bundeskanzler Christian Kern, wie ein Vertrauter verrät: „Seit der Sobotka vor seinem Büro steht, traut er sich nicht mehr raus." Kern will daher jetzt eine 1,5 Millionen Euro teure Anti-Sobotka-Mauer bauen lassen, die ihn vor verbalen Anschlägen durch den Innenminister schützt.

 147 016 Leser   38 720 Shares

> **Tele S.**
> na ja, da minister kostet mehr als die paar metallpfosten, aber gut, den minister zahlen wir sowieso, so wuerd er wenigstens a bissi an sinn stiften.

> **Thomas L.**
> Finde die Bemühungen des Herrn S. sehr anständig – nicht jeder, der auf der NÖ Landesliste als Nummer 1 gesetzt ist, würde sich dazu bereit erklären!

15.09.2017

Rache für Handyverbot: Kind (4) sperrt Vater den YouPorn-Zugang

Eine unangenehme Überraschung erlebte gestern Jungvater Fabian P. (36) aus Wien-Donaustadt. Wie jeden Tag wollte sich der Projektmanager eines Immobilienunternehmens nach dem gemeinsamen Abendessen mit Frau Sigrid und Sohn Levin-Daffodil (4) nur noch mal kurz in seinem Arbeitszimmer einschließen, „um ein paar wichtige Mails zu beantworten".

Doch daraus wurde nichts. Stattdessen stürmte Fabian P. nach wenigen Sekunden mit hochrotem Kopf aus dem Raum, schnappte sich fluchend ein altes Palmers-Prospekt und schloss sich für den Rest des Abends auf dem Klo ein.

Schockmoment
Mutter Sigrid war geschockt: „Normalerweise ist mein Mann nach einer halben Stunde mit seinen E-Mails fertig und setzt sich mit einem Bier und dieser gelösten Entspanntheit eines Mannes, der sein tägliches Handwerk zufriedenstellend erledigt hat, neben mich auf die Couch."

Warum der romantische Abend ins Wasser fiel, klärte sich rasch auf: „Der Papa hat gesagt, dass ich pro Tag nur mehr eine statt fünf Stunden ‚Sniper 3D' auf seinem Handy spielen darf. Deswegen hab' ich ihm heimlich seine Lieblingswebsite gesperrt, wo er sich immer diese lustigen Tiergeräusche anhört", gesteht Fabians Sohn.

Neue Möglichkeiten durch Digitalisierung
„Früher hab' ich mich minutenlang schreiend am Boden wälzen müssen, um meinen Protest darüber auszudrücken, dass mir die Mama das Marmeladebrot falsch durchgeschnitten hat. Heute muss ich nur mehr das WLAN-Passwort ändern oder dem Papa drohen, den Screenshot seines Browserverlaufs auf den FTP-Server seiner Firma zu laden", schildert der kleine Levin-Daffodil die Vorteile der Digitalisierung.

Nachdem sie Levin-Daffodil keine 500-Gramm-Tafel Milka-Schokolade als gesunde Jause in den Kindergarten mitgeben wollte, kann sich übrigens auch Mutter Sigrid nicht mehr auf ihrer Lieblings-Website einloggen – einem Nachbarschaftshilfe-Portal, bei dem Hausfrauen aus der Umgebung ehrenamtlich unkomplizierte Notstandshilfe für vereinsamte Männer in der Nähe leisten.

 119 308 Leser 10 303 Shares

Korbi M.
Seitdem geht der Tempo-Verbrauch der Familie um 75 % zurück.

Sebastian E.
Mit diesem simplen Trick treiben Sie die Taschentuchindustrie in den Wahnsinn. Sparen Sie sich noch heute zum Millionär!

21.09.2017

Nach Treffen mit Trump: Van der Bellen steigt von Zigaretten auf Heroin um

Das gestrige Treffen mit US-Präsident Donald Trump hinterließ bei Bundespräsident Alexander Van der Bellen anscheinend tiefe Spuren: Er stieg von Zigaretten auf Heroin um. Das bestätigen mehrere Personen in seinem Umfeld.

„Er hat unmittelbar nach dem Treffen sieben Packerl Marlboro Extreme mit extra Teer geraucht, aber das hat nicht gereicht, um den Schmerz zu betäuben", verrät ein enger Vertrauter Van der Bellens. „Sogar seine kugelsichere Weste aus Nikotinpflastern hat nichts mehr geholfen."

Gebrochener Mann
Wir treffen Van der Bellen in der Ankunftshalle am Flughafen Wien. „Dieses Treffen war … interessant. Ich muss es erst einmal verarbeiten", sagt Van der Bellen bemüht. „Es war mir eine Ehre, Herrn Trump persönlich …" – hier versagt seine Stimme. Mit

Tränen in den Augen starrt er ins Leere. Präsident Van der Bellen ist ein gebrochener Mann.

Entzug
Bis auf Weiteres befindet sich Van der Bellen auf strengem Entzug: „Ich will diesen Dämon besiegen, der mich kaputt macht", verspricht der Präsident. „Daher lese ich vorerst keine Artikel mehr über Trump." Den Heroinkonsum wolle er beibehalten.

 172 018 Leser  30 077 Shares

> **Max C.**
> So viel Heroin, wie Van der Bellen am Tag verraucht, gibt es in Österreich nicht.

22.09.2017

Machtübernahme schon lange geplant? Neu entdeckte Höhlenmalereien zeigen Kurz' Pläne

War die Übernahme der ÖVP durch Sebastian Kurz von langer Hand geplant? Das geht jedenfalls aus neuen Beweisen hervor, die Enthüllungsjournalisten des Falter ans Licht gebracht haben. Nach monatelangen verdeckten Ermittlungen haben sie nun im Wienerwald Höhlenmalereien entdeckt, die detaillierte Pläne von Kurz' Machtübernahme zeigen.

Aufzeichnung aller Details

„Es ist bemerkenswert. Auf über zehn Quadratmetern ist alles detailliert aufgezeichnet: zuerst die Machtübernahme, dann die Sprengung der Koalition. Hier, sehen Sie diesen Mann, der zuerst versucht, den kahlköpfigen niederösterreichischen Silberrücken zu töten, bevor ihm ein kleines Kind ein Messer in den Rücken rammt? Das ist Reinhold Mitterlehner", erklärt Falter-Chefredakteur Florian Klenk der **TAGESPRESSE** seine Entdeckung.

„Dass Kurz seine Pläne in einer Höhle entwarf, ist kein Wunder. Hier ist man geschützt vor schädlichen Umwelteinflüssen wie Islamkindergärten oder der Aufklärung", so Klenk. Die Altersbestimmung der Höhlenmalereien hat nun ergeben, dass die Pläne bereits über 30.000 Jahre alt sind. Die ÖVP hat also sofort mit dem Zündeln an der Koalition begonnen, nachdem sie das Feuer entdeckt hatte.

Weitere Funde

Die Pläne von Kurz sind übrigens nicht das Einzige, was in der Höhle entdeckt wurde. Man fand außerdem noch ein verstaubtes Exemplar von Karl-Heinz Grasser, welches dort zwischengelagert wurde, um es bei Bedarf wieder als Finanzminister einsetzen zu können. Außerdem entdeckte man eine aktuelle Version des ÖVP-Eherechts, das mit Hieroglyphen an die Wand gemalt wurde. Ein Wahlprogramm wurde jedoch nicht gefunden.

 128 714 Leser 9016 Shares

> **Alexander A.**
> Anzunehmen ist, dass einige der abgebildeten Fossile noch immer bei der ÖVP tätig sind.

25.09.2017

Nur 5,2 Prozent Verlust: Kern gratuliert SPD-Chef Schulz

Mit nur 5,2 Prozent Verlust bei der gestrigen Bundestagswahl in Deutschland legt die SPD die Latte für sämtliche sozialdemokratischen Parteien Europas höher. Entsprechend euphorisch reagieren auch hierzulande Vertreter der SPÖ. Bundeskanzler Christian Kern zählte zu den ersten Kollegen, die SPD-Kandidat Martin Schulz gratulierten.

„Der Verlust der SPD war nicht dreistellig. Das gibt uns Hoffnung, daraus schöpfen wir Kraft", erklärte Kern, der das Ergebnis als Sieg der Sozialdemokratie wertet.

Dass die SPÖ in den Umfragen derzeit bei 24 Prozent und damit auf Platz drei liegt, will Kern nicht überbewerten: „Es ist natürlich schön, wenn einem die Umfragen belegen, dass wir trotz unseres merkwürdigen Wahlkampfes noch nicht bei allen komplett unten durch sind. Aber wir dürfen uns noch nicht zurücklehnen. Abgestraft wird erst am 15. Oktober."

Kern will Martin Schulz jetzt als Berater an Bord holen: „Wir wollen von ihm wissen: Was ist falsch gelaufen? Und das wollen wir dann genauso in Österreich umsetzen."

 99 065 Leser  5966 Shares

Fritz S
Darf ich dich auf eine Pizza mit Hollersaft einladen?

Gerald M.
Da geht doch noch was am 15. 10.? Was die Deutschen können, werden wir doch wohl übertreffen – wäre doch gelacht.

26.09.2017

Nach Vorsorgetipp von Kurz: Arbeitslose Alleinerzieherin kauft sich Villa in Döbling

Es kann manchmal so einfach sein! Nach dem Tipp zur Altersvorsorge von ÖVP-Chef Sebastian Kurz hat sich eine arbeitslose Alleinerzieherin aus Wien-Simmering einfach eine Villa in Döbling gekauft. Das neu erworbene Eigentum im Wert von 3,7 Millionen Euro soll als Altersvorsorge dienen, wie von Kurz gestern empfohlen.

„Ich hab' jahrelang nicht an diesen einfachen Trick gedacht", sagt Isabella S. glücklich. „Danke für alles, Sebastian Kurz! Nachdem ich jetzt schon seit Monaten keinen Job finden kann und kaum weiß, wie ich mit meinen zwei Kindern über die Runden komme, ist das echt eine Erlösung. Endlich ein Politiker, der sich in meine Lebensumstände hineinversetzen kann!"

Um Menschen mit Eigentum noch stärker zu entlasten, hat sich Kurz eine zusätzliche Maßnahme einfallen lassen: Flüchtlinge sollen als Ein-Euro-Job in Döblinger Villen Unkraut jäten, um Erben, die mit den neuen Immobilien überfordert sind, etwas zu entlasten.

Gute Ratschläge

Sebastian Kurz wartet in der Wahlkampfrede mit weiteren nützlichen Tipps auf: Arme sollen aufhören, arm zu sein, und reich werden. Kranke sollen vor dem Tod bewahrt werden, indem sie einfach gesund werden.

„Arme sollen anpacken"

„Endlich spricht einmal ein Politiker aus, was wir denken: Arme sollen einfach die Ärmel hochkrempeln und durch eigene Leistung reich werden", erklärt Karl-Theodor Baron von Thurnstein IV. (22) gegenüber der **TAGESPRESSE**. „Ich hab' auch mit nichts angefangen als mit 54 Ländereien und drei Schlössern. Aber habe ich gejammert? Nein. Ich hab' Leistung erbracht. Und heute besitze ich stolze 55 Ländereien."

 265 875 Leser   58 061 Shares

> **Stefan H.**
> Dank dem Tipp vom Herrn Kurz muss ich mich nicht mehr vor der Zukunft und der Altersarmut fürchten. Mittlerweile bin ich stolzer Besitzer einer Ölpipeline im Jemen, und vielleicht kauf ich mir demnächst auch einen Fußballklub in der österreichischen Bundesliga, damit ich mich beim Geldzählen am Wochenende über etwas ärgern kann!

> **Hannah Z.**
> Wir können froh sein, dass wir den Bastl „Messias" Kurz haben, der uns solche weisen und vorausschauenden Ratschläge gibt! So was lernt man nicht im Jusstudium …

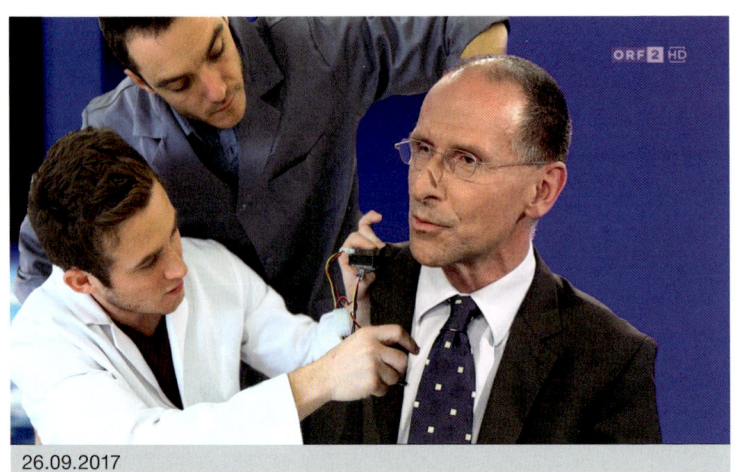

26.09.2017

Ausgerechnet im Wahlkampf: Filzmaier fällt wegen Software-Update aus

Ausgerechnet vor den TV-Konfrontationen fällt Politexperte Peter Filzmaier aus: Er benötigt dringend ein Software-Update für seinen Prozessor. Bis dahin müssen ihn Techniker des ORF herunterfahren.

„So knapp vor der Wahl – das ist für unser Haus eine Katastrophe", seufzt ORF-Chef Alexander Wrabetz. „Wir wollten mit der Zeit gehen und auf künstliche Intelligenz durch Roboter setzen. Aber das fällt uns jetzt auf den Kopf."

Als Ersatz für die Wahlkampf-Analysen musste kurzfristig Armin Assinger einspringen. Er nahm bereits gestern im ZIB-2-Studio Platz, um die Konfrontation zwischen Kern und Lunacek zu analysieren. Die Analyse musste jedoch abgebrochen werden, da Assinger vergeblich nach einem Telefon-Joker verlangte.

Doch wie konnte das passieren? Ein Techniker erklärt der TAGESPRESSE: „Dort, wo normale Menschen ein leistungsschwaches Gehirn haben, sitzen bei Filzmaier extrem komplexe

10-GHz-Prozessoren, die mehrere Milliarden Berechnungen pro Sekunde durchführen können." Diese seien jedoch äußerst wartungsbedürftig und teuer: „Mittlerweile verschlingt der Filzmaier-Bot 40 Prozent der gesamten GIS-Einnahmen."

Wenn Filzmaier wieder hochgefahren wird, dürfen sich die ZIB-Seher auf neue Technologien freuen: „Dann kann er noch schneller reden und beherrscht vierzehn Wörter pro Sekunde."

 107 234 Leser   10 083 Shares

> **Monika L.**
> Jetzt ist das ganze Land orientierungslos und macht das Kreuzerl hoffentlich so, dass uns Schwarz-Blau 2 mit Millionärsspendenempfängern und menschenverachtenden Burschenschaftern erspart bleibt!!!

09.10.2017

Foto: DPA

Muss ab sofort sein wahres Gesicht zeigen: Verhüllungsverbot trifft Norbert Hofer hart

Das repressive Verhüllungsverbot sorgt für Aufregung. Denn neben Burka-Trägerinnen trifft es auch Musiker, Maskottchen und jetzt auch einen Spitzenpolitiker: Norbert Hofer muss seine Maske ablegen und darf nur mehr sein wahres Gesicht zeigen. Der FPÖ-Politiker gibt sich tief betroffen.

„Ich hab' das Verhüllungsverbot sehr gern. Es ist mein Freund. Aber dass auch ich davon betroffen bin, das finde ich nicht nett und macht mich traurig", sagt Hofer vorwurfsvoll. Während des Gesprächs zuckt Hofers rechter Mundwinkel leicht nach unten. Man merkt: Das Verbot geht ihm wirklich nahe.

Diskriminierung

Hofers Rechtsanwalt Manfred Ainedter springt seinem Mandanten zur Seite: „Dieses Gesetz ist zutiefst diskriminierend. Hofer hat sich seine Gesichtsmaske nicht ausgesucht. Sie ist ihm aufgrund jahrelanger emotionaler Kälte angewachsen. Er kann sie jetzt nicht einfach ablegen wie einen Hut." Er fordert daher eine Ausnahme aus gesundheitlichen Gründen.

Andere Promi-Opfer
Doch Hofers Ansinnen hat wenig Aussicht auf Erfolg. Denn ins Visier der Justiz geraten nicht nur wichtige Politiker. Auch Robert Lugar darf seit 1. Oktober nicht mehr als Clown auftreten. ZIB-2-Anchorman Armin Wolf muss bei Interviews seine geliebte Hannibal-Lecter-Maske ablegen.

Weg zurück
Schon seit Tagen übt Hofer vor dem Spiegel, seine wahren Gefühle zu zeigen. Sein Anwalt zeigt ihm Fotos von abgeschobenen Flüchtlingen, damit Hofer vielleicht nach Jahrzehnten wieder Freude empfinden kann. „Wir machen kleine Fortschritte", bestätigt Ainedter. „Aber es liegt noch ein langer Weg vor ihm."

 141 004 Leser 13 638 Shares

> **Helmut C.**
> Viele möchten weder das eine noch das andere Gesicht sehen.

> **Manuel H.**
> Neuesten Meldungen zufolge will Norbert Hofer das Gesetz anfechten und für nicht rechtskräftig erklären. Wir werden uns wundern, was alles möglich ist.

10.10.2017

Foto: KREMLIN.RU

„Alle Kandidaten gleich schlimm": Putin will Österreich-Wahl nicht manipulieren

Russlands Präsident Wladimir Putin steht vor der Wahl der Qual: Er weiß nicht, wen er kommenden Sonntag bei der Nationalratswahl zum Bundeskanzler von Österreich machen soll. Internen Dokumenten zufolge findet er alle Kandidaten gleich schlimm. Jetzt will er sogar alle Manipulationsmaßnahmen abblasen.

„Ich würde lieber drei Jahre in den Gulag gehen, als einen dieser Kandidaten bei einem Staatsbesuch zu empfangen", wird Putin in einem geheimen Protokoll zitiert, das der **TAGESPRESSE** vorliegt. Demnach gebe es für Russland weder mit Kern noch mit Kurz oder Strache als Kanzler etwas zu gewinnen.

Ursprünglich hatten Putins Hacker geplant, verdeckte Operationen auf Facebook durchzuführen, andere Kandidaten mit Falschinformation zu diskreditieren und gestohlene Daten an die Öffentlichkeit zu leaken. „Aber das wurde alles bereits von den Österreichern selbst gemacht, bevor wir gekommen sind", so Putin enttäuscht.

Laut Protokoll wurde kurzzeitig sogar überlegt, Roland Düringer und seine Liste G!LT zum Wahlsieger zu machen. „Ich will nichts mit dem, was da kommt, zu tun haben. Ich kann da keine Verantwortung übernehmen", erklärt der russische Präsident weiter und sagt die gesamte Operation kurzerhand ab.

 111 966 Leser   12 059 Shares

Max M.
Frechheit! Sind wir etwa Europäer zweiter Klasse?

Markus W.
Als bräuchte Kaiser Bastian Kurz die Unterstützung dieses leninistischen Bauernproletariers. Tz!

17.10.2017

Grüne schließen Koalition mit FPÖ, ÖVP, SPÖ, NEOS und Pilz aus

Die Grünen reagieren mit Fassung auf die herbe Wahlniederlage: Obwohl sie den Einzug ins Parlament verpasst haben, zeigt die Partei Haltung. Die Grünen schließen deshalb eine Koalition mit FPÖ, ÖVP, SPÖ, NEOS und Pilz aus und gehen in Opposition.

„Dieses Wahlergebnis ist ein ganz klares Zeichen, dass es mit diesen politischen Mitbewerbern nicht weitergehen kann", so Spitzenkandidatin Lunacek in einer ersten Reaktion. „Nicht wir wurden aus dem Parlament gewählt. Die anderen Parteien haben sich von uns entfernt."

Lunacek will das Ergebnis jetzt genau analysieren und keine voreiligen Schlüsse ziehen: „Wir werden uns zusammensetzen, uns das in aller Ruhe ansehen und anschließend Peter Pilz die Schuld geben."

Auch Politexperte Peter Filzmaier macht den Grünen keinen Vorwurf für ihr schlechtes Abschneiden. „Ulrike Lunacek war die richtige Spitzenkandidatin. Immerhin konnte die Partei so schon im Wahlkampf üben, dass sie künftig auch im Parlament unsichtbar sein wird", so Filzmaier.

Er empfiehlt den Grünen stattdessen eine Wahlanfechtung: Womöglich könnte das Ergebnis der internen Vorwahl von Julian Schmid gegen Peter Pilz doch noch aufgehoben werden.

Die Hoffnungen der Partei ruhen auch auf dem Bundespräsidenten. Lunacek schließt nämlich nicht aus, dass Bundespräsident Van der Bellen seine Parteifreundin mit der Bildung einer Minderheitsregierung beauftragen wird. In einer ersten Stellungnahme dementierte Van der Bellen allerdings, jemals etwas mit den Grünen zu tun gehabt zu haben.

 97 565 Leser 12 486 Shares

> **Lucas W.**
> Bei den Grünen zahlt sich's nicht aus, das „Danke" auf die Wahlplakate zu kleben – zu den paar Menschen, die sie gewählt haben, kann Frau Lunacek auch persönlich mit dem Fahrrad hinfahren, um sich zu bedanken.

> **Nora F.**
> Dass es tatsächlich noch möglich ist, über die Grünen Satire zu schreiben, hätte ich nicht gedacht!

Inhalt

5	Vorwort

INLAND

10	Weil Stiftung geprüft wird: Pröll zeigt Rechnungshof wegen Gotteslästerung an
12	Arabischer Frühling erreicht Niederösterreich: Einwohner werfen Pröll-Statuen um
18	Strache nimmt Johann Überbacher als Dolmetscher zur Trump-Angelobung mit
26	Sofort nach Angelobung: Van der Bellen verbietet Autos, schafft Heer ab, eröffnet Haschtrafik
34	Zu viel Rauch in Hofburg: Akademikerball wegen extremer Feinstaubbelastung abgesagt
36	Pühringer weg, Pröll weg: WWF stellt Michael Häupl unter Artenschutz
46	Ausländer-Thema von Regierung besetzt: FPÖ hetzt ab sofort gegen Inländer
66	Regierung bietet Sobotka 1000 Euro für seine Rückkehr nach St. Pölten
68	Umfrage: 10 von 10 Österreichern geht Grünen-Streit „komplett am Oasch vorbei"
72	Nach Kritik: Grüne trennen sich von Wählern
80	Jung, motiviert, unkritisch: Grüne präsentieren JVP als neue Jugendorganisation
82	„Riesige Beidln sind bei uns immer willkommen": Lopatka holt Phallus-Statue in ÖVP-Klub
94	Nächster PR-Coup nach Pizza: Kern ist einen Tag lang GIS-Kontrollor
100	Zeichen der Solidarität: Van der Bellen hilft bei Koranverteilung auf Mahü
106	Mit Kern verwechselt: Sobotka beschimpft stundenlang Schaufensterpuppe in Designeranzug
116	Alle Parteien einig: Neuwahlen am 15. Oktober, Wiederholung am 3. Dezember
118	„Nicht in diesem Zustand": Tom Turbo will die Grünen noch nicht übernehmen
132	Liste Sebastian Kurz verspricht, Reformen auf völlig neue Art und Weise zu blockieren
134	Kern: Fairer Faustkampf zwischen SPÖ-Mitarbeitern soll über Koalition mit FPÖ entscheiden
140	Diskriminierungsverbot: „Der Mann" muss künftig „Der/Die Mensch*In_nen" heißen
142	Deutschpflicht an Schulen: FPÖ fordert Umbenennung von Toiletten in „Scheißhäuser"
148	„Wollen uns nur mehr mit uns selbst beschäftigen": Grüne ziehen sich aus Politik zurück
150	Liste „Scheiß Grüne": Peter Pilz gründet eigene Bewegung
154	„Bleibe Politik erhalten": Lugar wird Heißluft-Handtrockner am Parlaments-WC

156	Kurz gegen Homo-Ehe: „Finde Arschkriecher nur gut, wenn sie aus der JVP kommen"
168	Interne Stichwahl für Bundesliste verloren: Peter Pilz verlässt Liste Peter Pilz
172	„Wahlkampfteam braucht jetzt Ruhe": Kern ruft Cobra ins SPÖ-Büro
182	Nach Verhaftung: Kern liefert Silberstein „Pizza alla Feile" ins Gefängnis
184	„Vertraue nur Quereinsteigern": Kurz lässt sich Blinddarm von Dr. Oetker entfernen
190	Kurz will Wahlprogramm nach der Wahl präsentieren
194	Fair: Tarek Leitner fährt mit Sebastian Kurz auf Ibiza-Urlaub
200	Statt Mauer kommt Anti-Terror-Pfosten: Sobotka stellt sich selbst vor Kanzleramt
204	Nach Treffen mit Trump: Van der Bellen steigt von Zigaretten auf Heroin um
206	Machtübernahme schon lange geplant? Neu entdeckte Höhlenmalereien zeigen Kurz' Pläne
214	Muss ab sofort sein wahres Gesicht zeigen: Verhüllungsverbot trifft Norbert Hofer hart
218	Grüne schließen Koalition mit FPÖ, ÖVP, SPÖ, NEOS und Pilz aus

INTERNATIONAL

8	Anhänger entsetzt: Neues Schock-Video zeigt Trump beim respektvollen Umgang mit einer Frau
14	Donald Trump im Exklusivinterview: „Werde Mauer um Österreich bauen"
20	Rassismus-Skandal in den USA: Immobilienhai setzt schwarze Familie auf die Straße
22	Norbert Hofer sensationell für Oscar nominiert
24	Ist er ein Genie? Dieser Mexikaner findet Geheimwaffe gegen Trumps Mauer
30	Endlich problemlos in die USA: Iranerin ersetzt Kopftuch durch angemessene Kopfbedeckung
42	Grund für Panne bei Oscars geklärt: Jury verwendete österreichische Kuverts
52	„Dort sieht ihn keiner": Erdoğan darf auf ServusTV auftreten
54	Darf doch in Niederlanden auftreten: Erdoğan erhält Einladung nach Den Haag
60	Millionen Amerikaner vor Ruin: Trump will Obamacare durch SVA ersetzen
62	FBI-Ermittlungen: Russland beruft aus Protest Botschafter Donald Trump zurück nach Moskau
86	Religiöser Fanatiker ruft in Rom Gottesstaat aus
88	„Zeichen für starke Demokratie": Erdoğan freut sich über 116 % Wahlbeteiligung bei Referendum
120	Nach Israel und Palästina: Trump will auch Austria und Rapid versöhnen
122	Nach Besuch von Trump: Papst glaubt nicht mehr an Gott
128	Volltrottel (70) macht schon wieder irgendeinen Scheiß

130	Gegen Erderwärmung: Trump will USA mit riesiger Klimaanlage kühlen
162	G20-Gipfel vorbei: Deutsche können statt Autos endlich wieder Asylheime anzünden
176	Türschild-Beauftragter im Weißen Haus erleidet Burn-out
186	Trump reagiert auf Barcelona-Terror: „Beide Seiten sind schuld"
208	Nur 5,2 Prozent Verlust: Kern gratuliert SPD-Chef Schulz
216	„Alle Kandidaten gleich schlimm": Putin will Österreich-Wahl nicht manipulieren

WIRTSCHAFT

38	Für Valentinstag in Wien: Milka präsentiert Herzen mit Kebab-Geschmack
74	Verrückter Aprilscherz: Satireblatt „Österreich" druckt heute nur wahre Artikel
78	Vorbild Amazon: Post stellt gelbe Zettel künftig per Drohne zu
96	Roboter erst der Anfang: 70 % aller Beamten könnten durch Steine ersetzt werden
152	Nach Rekordstrafe: Google löscht Europa „versehentlich" aus Google Maps
178	Dieselautos zu schmutzig: VW präsentiert neues Modell mit Kohleantrieb

CHRONIK

6	Einigung bei Jugendschutz: Rauchen nur mehr nach dem dritten Bier erlaubt
28	Seltenes Naturschauspiel: BWL-Studenten ziehen wegen Kälte umgebundene Pullover an
32	Großaufgebot der Polizei sucht nach Oaschloch, das um 3 Uhr früh Schnee geräumt hat
40	Endlich: Patient (56) bekommt wichtigen MRT-Termin nur sechs Jahre nach Tod
44	Wissenschaftler staunen: Werwolf verwandelt sich bei Vollmond in Wolfgang Sobotka
48	„Tochter wollte heute nach New York": Hofer postet Urlaubsbild auf Facebook
50	Schöne Geste am Weltfrauentag: Gabalier sperrt Küchentür heute nicht zu
56	Mercer-Studie: Wien hat Bürgermeister mit der höchsten Leberqualität
58	Zu eng: Notarzt muss Kern aus Designer-Anzug schneiden
64	„Es ist doch schon Wochenende": Häupl hat Uhr bereits gestern auf Sommerzeit umgestellt
70	Sicherheitspanne: Wütender Pensionist dringt in ORF-Studio ein und bedroht Armin Wolf
76	Nach Bundesheer: Auch GIS-Kontrollore bekommen bessere Ausrüstung
84	Osterwunder: Strache drei Tage nach Praterdome-Besuch wiederauferstanden
90	Integration gelungen: Mehrheit der Austro-Türken stimmt für starken Führer

92	Kein Fleisch, kein Blut: Erstes veganes Baby in Wien-Neubau geboren
98	Tiefster Abgrund der Erde: Forscher wagt sich erstmals ins „Krone"-Forum
102	Gesamtes Budget verwendet: Rapid verpflichtet Ronaldo für drei Minuten
104	Kennt Unterschied zwischen links und rechts nicht: Ist DAS Österreichs dümmster Maturant?
108	Endlich frei: Mann gelingt Flucht aus Irrenhaus
110	ATV startet neues Format „Teenager werden ÖVP-Chef"
112	Nach Mitterlehner-Kritik: Wolf darf vorerst noch kein Waterboarding bei Interviews einsetzen
114	Vor Parlament: Mann versucht Jungpolitiker mit Süßigkeiten in weißen Lieferwagen zu locken
124	In Sonne eingeschlafen und nichts gegessen: Strache feiert unabsichtlich Ramadan
126	Wegen Hitze: WU-Student bindet sich statt Pullover heute Badehose um
136	Tagelang nicht von Smartphone aufgeblickt: Wiener Teenager (15) in Albanien aufgetaucht
138	Keine Regeln, keine Limits: Erste Waldorf-Fahrschule in Wien eröffnet
144	Nach Informatik-Studium: Mann weiß jetzt, wie man jedes Computerproblem googelt
146	Kampf gegen Kriminalität: Polizei will stärker auf Social Media setzen
158	Ganzes Zeugnis voller Vierer: Meidling feiert hochbegabten Gymnasiasten
160	„Großflächiger Renovierungsbedarf". Stadt Wien will G20-Gipfel nach Floridsdorf bringen
164	Nach Österreich-Sieg bei Frauen-EM: „Söhne" werden aus Bundeshymne gestrichen
166	Hitzewelle: Sobotkas Herz droht aufzutauen
170	Urlaub am Land: Wiener verbringt Ferien in Graz
174	Endlich auch im Halbfinale: ÖFB-Herren dürfen als Balljungen ins Stadion einlaufen
180	UNGLAUBLICH: Mann verdient 8750 Euro im Monat mit diesem einfachen Trick
188	Wer ist dieser Mann? Unbekannter gibt sich in ORF-Sommergespräch als Politiker aus
192	Stewardess gesteht: „Tanze bei Sicherheitsvorführung immer einfach YMCA"
196	Kniefall vor Muslimen? Kindergarten schenkt kein Bier mehr an Kinder aus
198	Böse Intrige? Rainer Pariasek wird Sonderberichterstatter für Hurrikan Irma
202	Rache für Handyverbot: Kind (4) sperrt Vater den YouPorn-Zugang
210	Nach Vorsorgetipp von Kurz: Arbeitslose Alleinerzieherin kauft sich Villa in Döbling
212	Ausgerechnet im Wahlkampf: Filzmaier fällt wegen Software-Update aus

DIE TAGESPRESSE

Die besten Tagespresse-Meldungen, Band 1–3

624 Seiten, mit zahlr. Abb. 140 × 220, Broschur bisher einzeln EUR 44,85

Sonderpreis
EUR 30,–